允華文創

臺灣政經史系列第二輯05 陳天授主編

從亞太營運中心到護國神山

臺灣產業政策之演變與評析

OM ASIA-PACIFIC REGIONAL OPERATIONS CENTER TO TSMC : HOW INDUSTRIAL POLICIES SHAPE TAIWAN

在半導體產業被暱稱「護國神山」的現今，過去質疑高科技產業造成臺灣經濟「貧血式成長」的聲音也不復見。

回顧臺灣產業發展歷程，究竟政策是成功或失敗，政府是聰明還是愚蠢？

陳彥廷——

著

自　序

　　2003 年的秋天，我進入經濟部工業局服務，從此展開與經濟產業議題休戚與共的公務生涯。時逢扁政府第二任期，行政院長、經濟部長折損之快，可說史上罕見。這自然對國民黨長期執政所建立的技術官僚體系產生巨大影響，多年來累積的行政經驗、系統知識，還沒來得及傳承給後輩，便消失在眾人的錯愕裡。

　　即便如此，我仍有短暫的時光能向前輩學習。在現任國策顧問何美玥小姐擔任經濟部長任內，每個月會有一個周日在公務人力發展中心，安排當時國內四大智庫（中華經濟研究院、臺灣經濟研究院、工業技術研究院和資訊工業策進會），針對產業趨勢和議題做報告和討論。當時還是菜鳥承辦人的我，雖然得犧牲假日時間處理行政事務，卻也獲得一睹前輩風采的機會，因而眼界大開。

　　2007 年 5 月，我調至經濟部本部服務，不到一年即經歷政黨輪替，有幸能跟著尹啟銘、施顏祥兩位部長學習。尹部長喜談戰略方向，演講內容常親手畫在藍圖紙上，我們照著做成 ppt 簡報即可，作業負擔減輕不少。施顏部長對業務瞭如指掌，開會直切重點，指示簡單明瞭，可惜受限於當時的政治環境，縛手縛腳。如果說，扁政府的八年對技術官僚體系是一次重創，那麼馬政府的八年，就像最後一批出身舊時代的技術官僚，用盡全力修補國家機器，希望讓這臺老舊的巨大機器，能跟上時代的腳步。

　　本書的大部分內容，是我在經濟部服務時期所構思。第一篇談亞太營運中心，是 2004 年我一邊工作，一邊在清華大學經濟學研究所所完

成的碩士論文，加上近幾年蒐集到的新資訊和想法，增補修正而成。我的指導教授劉瑞華，是 1993 年諾貝爾經濟獎得主 Douglass Cecil North 的學生，專研經濟史與制度經濟學。研究所期間，我協助教授進行《西方世界的興起》（*The Rise of the Western World: A New Economic History*）編譯工作，這本書的中譯本後來在 2016 年由聯經出版社正式出版。教授對我的指導極具啟發性，後遺症就是，10 多年後回頭看自己的論文，才發現引用情緒性報導的成分太多、實然面證據不足，而教授竟然讓我過關，想來實在慚愧。今日重新修整文稿，將不足之處補全，也算了卻一樁心事。

第二篇談我國對中國大陸投資的演變，原本打算排入經濟部每月發行的《國內外經濟情勢分析》，但當時的單位長官認為議題敏感，因此經過一修、二修，終究決定不予刊登。時至今日，對中國大陸投資、出口的討論，仍帶有極高的政治色彩，且流於對立二元觀點，彷彿只有贊成（藍）和反對（綠）兩種選擇。在本書中，我試圖把這個議題放在更長遠的時空脈絡來看，並就當年的專題文稿做了增補，將時間拉長到 2014 年的太陽花學運。從歷史觀察的角度，這無疑是一場決定性的事件，打破了過往經濟因素決定政策走向的慣例。有興趣的朋友，不妨往後翻閱全文。

第三篇談我國產業政策的演變，以獎勵產業投資的法規和重點產業政策為兩條主線，講述從兩兆雙星（扁政府）、四大六大新興產業及十大重點服務業（馬政府），到 5+2 產業創新（蔡政府）的沿革。近年被網友和媒體暱稱「護國神山」的半導體產業，其實走過國家資源全力扶植的美好年代，也曾經歷過被國際景氣重傷、被社會質疑的低谷。年紀稍長一點的朋友們，應該都還對「兩兆流星」、「四大慘業」記憶猶新。然而，我國的高科技產業在重整之後，又站上了國際供應鏈的關鍵

地位，當年抨擊他們造成臺灣經濟「貧血式成長」的聲音，也不復見。這是政府眼光精準，還是政策錯誤所致？有興趣的朋友們，可以連本書收錄的四篇專文一起閱讀，了解每個階段的政策背景。

另外，我在寫作本書時也發現，早先年代的政策、法規等官方文件，多為紙本形式，即使是搜尋功能強大的 Google，也尋不著這些原始文本。有些官方文件即使曾上網公開，但由於組織調整、官網改版或政治風險等因素下架，便在數位世界消失了蹤跡，殊為可惜。為此，我盡量在書中收錄文本原始的形貌，並製作附錄，希望能將這些珍貴的史料保存下來。如果讀者們覺得冗長，也可直接看論點分析，不會影響閱讀。

最後，要特別感謝我的父親，如果不是他的督促和鼓勵，不會有本書的出現。我個性疏懶，亦不善社交，唯喜愛閱讀與自行體悟而已。因此，若本書有任何疏漏，還請各位海涵，並不吝予我回饋。

陳弈廷

2021 年 7 月 24 日寫於烟花颱風過後

目　次

自　序

第一篇

制度改革之中挫

論拜耳撤資案對亞太營運中心之影響

第一章　緒論

「政府的團隊及決策十分重要。該做時要做對事情是上策；
其次是不該做時做了事情；最後是該做時沒有做，還做錯。」

——江丙坤，2001 年 4 月 30 日，工商時報

　　回顧 1990 年代，政府的經濟政策逐漸以自由化、國際化以及法制化為最高指導原則，1995 年通過的「亞太營運中心」計畫便是這股趨勢下的產物。當時的臺灣，在 1952-1994 年間，平均每年經濟成長率高達 8.6%的「經濟奇蹟」之後，面對世界貿易組織（WTO）成立並運作後的新國際經貿規範——特別是經濟自由化的趨勢——對既有經貿體制與產業結構調整的衝擊，以及中國大陸改革開放、兩岸經貿關係及依賴程度日益密切，加上國內投資不足和經濟成長率趨緩、本國產業大量外移及先進國家投資流入其他開發中國家、產業空洞化所導致的所得分配可能趨於惡化，無論政府或民間，都亟欲尋求經濟發展的再突破。

　　在這股殷切的氣氛之下，「亞太營運中心」（Asia-Pacific Regional Operations Center）計畫誕生了。依行政院經建會規劃，「亞太營運中心」是將臺灣建設成為歐、美跨國企業，與本國企業進軍和經營東亞市場的門戶，並藉此調整臺灣與亞太各國間的經貿關係；同時以多元的對外經貿關係，建構臺灣的經濟安全網，並循序推動兩岸關係。整個計畫係採階段性的發展策略，從 1995 年開始，以漸進的方式，逐步進行總體經濟結構的調整，同時根據臺灣經濟的條件，擇取具潛力的專業營運

中心，分階段作重點突破，藉以帶動「面」的發展。

　　然而，這套以法令鬆綁及總體經濟調整為靈魂的改革計畫，卻在1997 年底爆發德商拜耳暫時中止投資案，使推動績效遭受挫折及質疑。2000 年政黨輪替之後，行政院通過「全球運籌發展計畫」，接續「亞太營運中心計畫」第二階段，政策轉向以發展臺灣成為全球運籌管理中心為目標，亞太營運中心計畫於焉走入歷史。

　　2000 年的政黨輪替，確實造成了許多政策改變。2001 年，全球景氣急速下滑，聯合國「世界經濟與社會調查報告」將世界經濟成長率向下修正為 2.5%；然臺灣經濟情勢更為惡化，經濟成長率遽跌至-2.2%（如圖一），許多人將之歸因於新政府新手上路，施政經驗不足，且急於兌現競選政見，甫上臺即宣布核四停建、縮短工時等等。如江丙坤（2000）所言，「扁政府應該維持過去政府的作法，繼續推動亞太營運中心，開放貨物直航，降低運輸成本，使原料、零組件廠能夠『根留臺灣』。」暗示政黨輪替之後政策大翻盤，終結了國民黨時代的亞太營運中心計畫；「過去國民黨的成功就是『該做的時候做對的事情』，因此，這與政府的團隊有關係，比如說民進黨停建核四就是不該做的時候去做。」（江丙坤，2001）抨擊新政府施政不當。但，隱藏在這些「通說」背後的，事實果真是如此嗎？在政黨輪替造成政策改變的表象背後，是否還存在更長遠的制度變動因素？

　　制度乃一個社會的遊戲規則，是人類設定來限制其行為互動的約束。制度一旦建立，就決定出政治與經濟活動的機會與成本。因而，什麼樣的制度組合最能降低成本促成交易？制度與組織之間的互動，又如何影響了制度演進？這些都是制度分析引人入勝之處。

　　為此，回顧 1990 年代以來自由化、國際化的改革風潮，將「亞太營運中心計畫」視為服膺「自由化、國際化」兩大原則的制度改革，為

何沒有發揮預期的效果，值得進一步探究。本文認為，1997 年底的拜耳撤資案，在其中扮演了關鍵性的角色。

　　本文的目的，就在以制度變遷的角度，發掘 1997 年底拜耳撤資案在亞太營運中心計畫中的關鍵角色。若以「路徑相依」（path dependence）的觀點來剖析，制度變動的因素可能早就存在於更之前的事件當中，因此「在該做的時候做對事情」是絕對重要的。

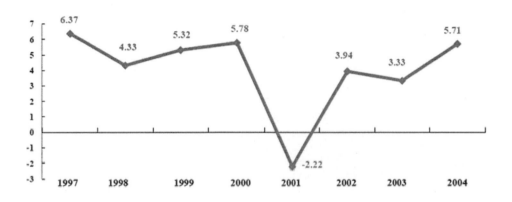

圖 1-1　1997-2004 我國經濟成長率走勢

第二章　文獻回顧

壹、制度變遷理論

Lance Davis 和 Douglass C. North（1971）指出制度創新是美國經濟成長的主因。在已有的制度下，當獲利機會不能被充分利用時，就是制度改變的時機。成功的制度改變是透過財產權的重新安排而降低交易成本。美國的歷史經驗顯示，成功的制度改變能提高效率促進成長。

North 和 Robert Paul Thomas（1973）將制度分析的架構運用到 10 到 18 世紀間歐洲的歷史。他們比較英、法、荷蘭與西班牙等國經濟發展的過程，指出各個社會的資源豐寡雖然會影響經濟成長，但有效率的組織才是長期經濟成長的關鍵。有效率的組織才能造就出有利於成長的制度與財產權，並且在條件改變時順利促成制度的變動。相對於荷蘭與英國的成功，法國與西班牙的失敗顯示，健全的財產權制度得來不易。由於集體行動會遭遇組織方面的困難，私人或自願團體所能達成的制度改變有一定的侷限。因此，政府的強制力量在調和公私利益差距上發揮了功能。但當政府力量未受節制時，往往成為破壞財產權的主因。此分析不但解釋了 17、18 世紀歐洲國家經濟的消長，也指出了後來政治發展的歷史根源。

North（1981）建構了一套解釋歷史的制度理論。他指出，分析歷史的一般性架構應該具備多種理論互相配合，包括人口變動理論、知識成長理論，以及制度理論。他所提出的制度架構，除了包括財產權及經

濟組織之外，還考慮了政府理論及意識形態的影響。政府在歷史上所扮演的矛盾角色，正如他所指出「政府之存在對經濟成長是必要的，然而政府又是人為造成經濟衰敗的來源」，因此，分析政府行為及其所受的限制是了解財產權如何形成的必要步驟。在他的模型中，政府是以擴大其掌握的資源為目的，建立和執行財產權是它的行動工具。政府的作法受限於交易成本和來自內外的競爭。因此，如何建立能促成政府與人民合作、或產生限制政府的破壞能力的機能，乃是近代產生成功制度的關鍵。

　　然而，考慮集體行動必然涉及政府行為和意識形態，但在處理制度變動的起始條件和過程上仍有限制。因為制度的變動必然發生在原來的制度之上，變動的過程須視參與者的觀念和預期而定，因此究竟起始的制度是什麼？變動的過程是如何形成的？都仍是未獲解答的問題。（劉瑞華，1994）

　　North（1990）更深入制度的本質及制度變遷的特性，他指出制度結構分為正式限制（formal rules）、非正式限制（informal constraints）與執行（enforcement），各自受不同的程序所決定。決定制度的程序是要限制人類的行為，以降低不確定性和促成合作。在這樣的制度結構下，改變正式限制的外力往往不能立即調整非正式限制，而執行的優劣又取決於組織結構和誘因，所以制度變動中的常與變，以及變的效果皆有脈絡可循。並且由於制度改變時組織行為和訊息學習的互動往往會左右演變的程序，以致於有些事件的影響會形成自我加強的效果，使制度改變的過程受制於特定的路徑。這種路徑相依（path dependence）性質在制度變動的觀點之下，更能清楚地解釋歷史過程的關鍵和轉捩點，以及說明歷史背景的重要。

貳、路徑相依

路徑相依的思想最早見於 80 年代 Paul A. David 對打字機史的研究。他認為，QWERTY 鍵盤之所以能在市場上取得壓倒性勝利，不是因為它最好，而是因為它最早。打字員習慣了 QWERTY 鍵盤的使用方式，日後就算出現了性能更好的鍵盤，也無法取代早期打字員普遍使用的 QWERTY 鍵盤，這種情況被稱為路徑相依。

Paul A. David（1985）試圖解釋何以英文打字機鍵盤上特殊字母的排列成為標準化並且歷久不變，並且解釋何種機緣巧合使得這個結果即使在面對其他更有效率的代替模式時，仍維持不墜。窄軌火車延續至今、交流電勝過直流電，以及汽油引擎車輛淘汰蒸汽引擎車輛，都曾被用來說明技術逐步變動的特殊現實。那是指一旦踏上某一特定的軌道，技術變動的逐步過程會使一種技術淘汰另一種，即使最終這種技術路徑比被放棄的其他路徑後來該有的結果更無效率（North，1990）。

W. Brian Arthur（1989）的路徑相依理論有四種自我加強機制：

1. 巨大的裝置或固定成本，單位成本隨產量增加而下降。
2. 學習效果（learning effects），那會改進產品或因產品更普及而降低成本。
3. 協調效果（coordination effects），好處在於易與其他採取類似行動的人進行合作。
4. 調整預期（adaptive expectations），當其在市場上普及性增加後人們信心會加強，認為它將更普及。

這些自我加強機制將會造成四種結果：

1. 多項均衡（multiple equilibria），解決辦法似乎很多，但都無法

確定結果。

2. 可能無效率（possible inefficiencies），因為運氣不好而無法吸引人，使本來較好的技術遭到淘汰。

3. 鎖進（lock-in），結果一旦達成就無法撤出。

4. 路徑相依，小事件和機運環境能決定結局，而且結局一旦出現，將會導致一條特定的路徑。

我們能夠延伸這種技術變遷的論點到制度變遷上嗎？1990 年，Douglass C. North 提出並回答了這個問題。Arthur 處理的是競爭市場，技術之間彼此競爭，也都擁有報酬遞增的性質。但 North 認為，技術之間的競爭只是間接的，真正進行直接競爭的，是運用這些競爭技術的組織。競爭結果除了反映技術本身的特點外，也可能反映組織能力的差異，這便是 North 將技術變遷的路徑相依延伸到制度變遷上所建立的制度模型：一旦某種制度得以確立，由於存在著報酬遞增和沈沒成本，使得後來的發展將沿著此一確立的方向慣性行進，即使替代性制度安排可能更有效率，也無法扭轉此一情勢。亦即，小事件和偶然的情況會將制度演進引入特定的路徑，而儘管初始條件也許相同，但經由不同的路徑，最後會導致完全不同的結果：一者是良性循環，一者是被鎖定在一種無效率的狀態。

有兩種力量會影響制度變遷的路線：一種是報酬遞增，另一種交易成本龐大的不完全市場。當制度完全新創之時，有很大的初建成本，顯著的學習效果將會在制度架構之下所產生的組織中發生。經由與其他組織的接觸，以及間接靠著政治體系裡的投資輔助，協調效果會直接產生。而調整預期則來自於一種特定制度的契約更加普及，會減低規則是否長存的不確定性。簡言之，制度結構裡互相依存的網路會產生報酬遞增的現象。

　　有了報酬遞增，制度就有作用並決定長期經濟體系的路徑。但這還不能斷定長期路徑是否有效率。North 認為，只要其中的市場是競爭的，或大致接近零交易成本的模型，則長期的路徑就是有效率的。反之，如果市場不完全、訊息回饋只是片段的，或交易成本顯著，則行為人的主觀模型將在不完全回饋和意識形態的雙重影響之下決定路徑，分歧的路徑和持續低落的成果也都會出現。

　　技術變動與制度變動兩者皆顯露了路徑相依的特點。North 認為，報酬遞增是其中不可或缺的主要成分。而技術與制度的報酬遞增從何而來呢？其實這意味著一種互補性的觀點。打字員之於打字機，採用某種特定技術的組織之於技術本身，都存在著不可割裂的互補關係。正因為這樣的互補關係，使更有效率的替代性技術或制度無法被採行或被淘汰，從而影響長期發展的路徑。

第三章　亞太營運中心計畫

壹、政策背景

　　1998 年，時任總統府資政的徐立德在接受工商時報專訪時憶及，「發展臺灣成為亞太營運中心」的構想，其實早在孫運璿擔任行政院長任內便已具雛型。1982 年在孫揆的指示下，財經部會開始研究發展臺灣自由貿易特區的計畫。

　　1990 年代的臺灣，雖然面臨工資上漲、勞力密集產業外移的情況，但憑藉高素質的人力資源，以及分工完整的產業供應鏈，資訊科技產業蓬勃發展，由過去的「雨傘王國」、「玩具王國」蛻變成「資訊王國」（經建會，2010）。然而，未來臺灣經濟的國際定位與利基何在，一直是產官學各界關注的議題。

　　最初「臺灣自由貿易特區」的構想，原本只是選定一個地區來發展，以解除臺灣經貿發展上若干「不必要的限制」。此時，臺商大量投資對岸，兩岸關係亦有和緩跡象（如 1993 年辜汪會談），且國內經濟已至新的轉捩點，若單以「促進產業升級」為發展目標，似嫌不足，應有一個更高層次、更大格局的具體目標來激發潛力（葉萬安，2020）。因此，政府採納當時多位專家學者的建議，認為臺灣應掌握中國大陸快速發展的契機，扮演東西方交會的中介者，就如同新加坡是東南亞和世界交會的中心一樣，成為東亞和歐美銜接的樞紐（hub），亦即「亞太營運中心」（APROC, Asia-Pacific Regional Operation Center）。（杜震

華，2020）

貳、計畫概要

1995 年 1 月，行政院第 2414 次會議通過「發展臺灣成為亞太營運中心計畫」，重點摘述如下：

一、基本精神

(1) 自由化——鬆綁法令，解除政府管制（De-regulation），釋放民間活力[1]。
(2) 國際化——修改我國法令規章，以符合國際規範；對外國人投資 提供國民待遇，以促進資源流通。

---

[1] 1995 年 10 月，經建會與亞太營運協調服務中心送立法院的第一階段立法審議參考資料裡，明確將計畫中所謂的「經濟自由化」定義為：（1）尊重市場機能：國際市場之競爭與日俱增，為確保我國經濟長期成長，必須揚棄過去一味保護本國產業之手段，由充分發揮市場機能及活絡生產要素之供給面著手。（2）去除不必要之干預：現今之經濟環境充滿不確定性，民間企業家敏銳的決策及判斷力才能掌握最佳商機，因而過去政府為保護國內經濟發展所採取之干預態度，應隨國際經濟之變遷有所調整。（3）建立開放及公平的競爭環境：所謂開放，乃是使國內外人員、貨品、勞務、資金及資訊能便捷且自由流通，或將其限制減到最低；所謂公平，乃是使所有國內外業者及投資者均享有同樣之經營條件或投資機會。（4）行政措施透明化。至於計畫中所謂的「國際化」，則專指「建立符合國際規範的投資環境」，包括修正營業稅法免除新種金融等之營業稅、修正證券交易稅條例改善本國公司債與金融債券交易成本過高之情形、修正僑外投資負面表列、放寬外人投資股權限制及結匯限制等等。當然這其中有許多部份和自由化是相互重疊的，但最終目的只有一個：針對國際主要跨國企業，有志於以臺灣為根據地，進軍亞太市場或提升營運規模者，進行爭取。

二、計畫目標

　　提升臺灣經濟自由化、國際化的程度，促使國內外人員、貨品、勞務、資金及資訊能夠便捷地流通，藉以發揮臺灣在亞太地區以及兩岸的經濟樞紐地位，吸引跨國企業並鼓勵本國企業以臺灣作為投資及經營東亞市場之根據地。

三、基本原則

(1) 以競爭政策為主，產業政策為輔。

(2) 以興利為主，防弊為輔。

(3) 調整政府職能，由經營者與管理者雙重角色，轉變為單純管理者，並鼓勵民間參與。

(4) 提升行政效率，以核備制取代審核制，並提供客戶為導向之全方位服務。

(5) 追求政策透明化，明示政府責任範圍。

四、計畫內容

（一）總體經濟調整

　　以自由化、國際化為兩大精神主軸，強調制度上的改革，希望創備臺灣成為一個人員、資金、資訊、勞務、技術等五項生產元素，可以自由流通於境內、境外的營運環境。這其中涉及法規的大規模翻修，初估有超過 40 項法律、120 項行政命令需要增修。這是我國首次從制度層面來思考經濟政策。（杜震華，1999）

主要作法包括：

(1) 調降關稅：調降的幅度在於符合國際標準及區域趨勢，以加強競爭實力。此外，過去為執行產業政策，常以國內無產製作為開放市場或調降關稅的考量因素，今後將以公平開放的競爭政策取代產業保護政策。

(2) 外匯自由化：過去基於發展產業及穩定金融等考量，對外匯採取管制措施，若欲運用外匯存底發展成為區域金融中心，該措施反而成為一種障礙。任何區域金融中心的必要條件，在於外匯管制之放寬而允許資金自由進出，故我國外匯制度短期內應改採「原則自由，例外管理」之制度。

(3) 簡化外國人來臺工作之申請與管理：對於外人之工作許可、簽證、居留、出境登記、重出境等主管分權制度，朝向單一機構、單一法規之方向統籌管轄，使人員進出更自由；同時藉由國際人才交流，帶入更多資金技術及高品質的服務觀念。

(4) 改進通關作業：延長海關作業時間、改進通關作業流程、加強自動化通關，以配合企業需求。

（二）推動六大專業營運中心

從企業經營或產業發展的層面，集中發展具有高附加價值的製造、海運、空運、金融、電信與媒體事業。其中，選擇發展製造中心是因為臺灣擁有厚實的工業基礎以及綿密的對外經貿網路；海運、空運中心則是因為臺灣在亞太地圖上享有絕佳的地理位置；金融及電信則分別是企業營運必需的流通血脈與神經中樞；先天文化、社會條件的賦予，則使得臺灣成為華語媒體市場中具潛力的發展者。（杜震華，1999）

1.製造中心

以既有的製造業為基礎，以智慧取向，高附加價值產品的生產行銷

為重心，將臺灣建設成為「科技島」。主要作法包括：

(1) 鼓勵民間參與智慧型工業園區的開發與經營，集結民間資源，整合上、下游週邊產業，共同推動高科技產業之投資與發展。

(2) 在加工出口區設置倉儲轉運專區，結合製造、海運、空運中心的發展，調整加工出口區功能。

(3) 促使中山科學研究院轉型，以國防科技協助產業發展，以民間企業參與國防建設。

(4) 開放獨占性市場或產品進口，例如：電業、油業、糖業、鹽業等應儘速開放，藉競爭法則，調整市場供需機能。

2. 海運中心

(1) 推動港埠民營化：高雄港在天然條件及地理位置上，均足以傲視亞太。然而，近年高雄港貨櫃轉運量的世界排名下滑，貨櫃運輸量不及新加坡、香港的一半，主要原因之一，即因現行公營港埠管理缺乏效率、裝卸時間過長增加成本，使得業者裹足不前。故推動港埠民營化，發展境外轉運業務，提高服務品質及效率，使高雄港重拾優勢。

(2) 儘速解決港埠碼頭工人問題。釐清管理權責，解決工會及工人雇用問題，在未來擴建新設施時，准由業者自行雇用碼頭工人，以提高港埠服務品質。

3. 空運中心

(1) 航站民營化：未來我國航空站之經營及衍生服務，如地勤、倉儲、空廚、停車、商店等，將儘速開放民間參與經營。

(2) 發展整合性快遞服務業：於中正機場規劃設置專區，引進整合性航空快遞服務業，在我國設置貨物轉運中心，並進而帶

　　動倉儲、運輸等國際快速物流業的發展。

(3) 規劃航空城：結合中正機場週邊之都市計畫，規劃桃園成為航空城，提供短期旅遊、住宿、會議及轉運旅客服務，以繁榮地方發展。

4. 電信中心

(1) 分三階段開放電信市場，允許國內外業者加入電信事業之經營，並取消分類、分業之限制，推動「國家資訊通信基本建設」工作。

(2) 檢討「電信法」、「中華電信股份有限公司條例」及「交通部電信總局組織條例」等電信三法草案，於立法院推動完成立法，並依時間表完成改制工作。

5. 金融中心

(1) 儘速解除外匯管制：我國相對於鄰近地區，除香港、新加坡外，與馬來西亞、泰國相較，仍保有多項外匯管制措施，可進一步放寬。

(2) 減低資金成本：修改營業稅法、證券交易稅條例等法規，降低金融市場交易成本；對募集資金之行為從實體審查改以資訊充分揭露為審核原則，便利業者取得資金。

(3) 加速金融機構之民營化：公營行庫占我國金融市場比重高達70%，然礙於體制，公營行庫在回應市場需求、開拓國際市場上，態度仍可更多積極。根本解決之道，在於推動公營行庫民營化、企業化。

(4) 加強監理：我國金融管理制度著重靜態、事前管制，而未落實動態之金融檢查、內部稽核制度，容易造成人謀不臧，在推動開放措施時應同時加強督管。

6. 媒體中心

    (1) 將媒體產業納入產業升級條例等法規。

    (2) 檢討修正廣播、電視、有線電視、出版等相關法規，去除對於媒體自由化、國際化發展之不當限制。

五、推動時程

（一）第一階段：1995-1997.6.30

加速經濟體質的改善，厚植發展營運中心的條件，並在既有基礎上先推動立即可行的小規模專業營運中心。

（二）第二階段：1997.6.30-2000

因應九七後之情勢，擴大各專業營運中心之規模，並進行全面性的經濟結構調整。

（三）第三階段：2000-2005

藉經濟的全面自由化，配合大型建設的完成，鞏固亞太營運中心的地位，拓展臺灣經濟領域，發展臺灣成為完整的「自由貿易區」。

六、區位選擇

（一）建設營運中心係以整個臺灣地區之經濟發展作考量，因此，各地區皆可因地制宜發展具特色的營運中心。

（二）部分專業營運中心性質特殊，如海運及空運中心須國際港口及機場之配合，故有地點之考量。

（三）部分專業營運中心，如製造中心及媒體中心將選擇適當地點

　　規劃專業園區，俾集中資源及人力，突破瓶頸，加速發展。

參、推動過程

　　大抵而言，整套「亞太營運中心計畫」的靈魂在法令鬆綁及總體經濟調整，不在硬體建設。在明確昭示的五大原則裡，也蘊含了產業扶植政策轉向競爭政策的思維。然而，這條以自由化和國際化推動的制度改革之路，並不是如此順遂的。當時的臺灣，在 1952-1994 年間，平均每年經濟成長率高達 8.6%的「經濟奇蹟」之後，面對世界貿易組織（WTO）成立並運作後的新國際經貿規範——特別是經濟自由化的趨勢——對既有經貿體制與產業結構調整的衝擊，以及中國大陸改革開放、兩岸經貿關係及依賴程度日益密切，加上國內投資不足和經濟成長率趨緩、本國產業大量外移及先進國家投資流入其他開發中國家、產業空洞化所導致的所得分配可能趨於惡化，無論政府或民間，都亟欲尋求經濟發展的再突破。

　　同期間，臺灣周圍滿佈了競爭者，個個都提出了雄心勃勃的發展計畫，想在跨國企業開始著眼開發亞太市場、香港又即將在 1997 年回歸中國大陸之際，搶下區域營運中心的地位，如菲律賓「蘇比克灣發展計畫」、馬來西亞「遠景 2020」等，新加坡「公元 2000，發展無限」（2000 Singapore Unlimited）計畫更誇下海口，不以區域營運中心為滿足，直接向成為世界級財經重鎮挑戰。

　　但是，就在「亞太營運中心計畫」啟動的第二年（1996 年）9 月，當時的總統李登輝提出了「戒急用忍」政策，限制高科技產業、基礎建

設等對中國大陸投資。1997 年爆發東南亞金融風暴，德商拜耳投資案
又因臺中縣要求訴諸公投而鬧得滿城風雨，終究在年底宣布停止在臺投
資，使「亞太營運中心計畫」的推動元氣大傷。當時的經建會主委江丙
坤，在 2000 年接受商業週刊專訪時，回顧整個拜耳投資案的過程，談
到：

> 「政府的首要工作是投資環境的改善，讓外人爭先恐後來臺
> 灣投資就對了。過去我在經建會時，拜耳案胎死腹中，影響很
> 大。不是只影響 500 億元而已，外國人因臺灣投資環境惡化而卻
> 步的投資金額不知還有多少。」

　　這段話道出了拜耳案在「亞太營運中心計畫」中的關鍵角色，也點
出了臺灣投資環境的問題。

　　2000 年政黨輪替，10 月行政院通過「全球運籌發展計畫」，接續
「亞太營運中心計畫」第二階段，政策轉向以發展臺灣成為全球運籌管
理中心為目標。一星期之後，負責推動亞太營運中心的核心任務編組
「亞太營運協調服務中心」也正式更名為「財經法制協調服務中心」。
2001 年 3 月行政院同意結案，整套計畫就此走入歷史[2]。

　　表面上，是政黨輪替終結了亞太營運中心計畫。但從當時所留下的
政府文件紀錄可以看出，早在 1999 年 8 月，經建會就已邀集財政部、
經濟部和交通部，以座談會方式研議發展全球運籌的相關事宜。若將會
前草擬、籌備及溝通工作也納入考慮，時間還可能回溯至更早。

　　從第四章開始，本文將以拜耳撤資為案例，分析亞太營運中心計畫

---

[2]　亞太營運中心計畫大事紀詳見附錄 1-1。

　　失敗的因素，並大膽假設：在制度面存在相同缺陷的時候，即使 2000 年沒有發生政黨輪替，也難保國民黨執政下的亞太營運中心計畫，能夠達成當初所設定的目標。

第四章　拜耳投資案的關鍵角色

壹、拜耳案:「德租界」的制度新嘗試

> 德國拜耳公司在臺中港區建廠案的政治角力:
>
> 臺德簽下「百年不平等條約」,臺中港區可能出現「德租界」
>
> ——邱家宜,《新新聞》第 495 期

　　看好兩岸直航後的大陸市場,德商拜耳遠東聚優公司早在 1994 年 11 月便向經濟部正式申請來臺投資。同年投審會核准此案,1995 年 6 月並與經濟部簽署策略聯盟意向書,計畫到臺中港北填方區租用 78 公頃新生地設置聚氨酯(PU)上游原料二異氰酸甲苯酯(TDI)的製造工廠、西碼頭區 10 號碼頭及西 10 號碼頭後側約 12 公頃建儲槽區,總投資金額高達 492 億元。此為拜耳在海外生產單一產品的最大投資計畫,也是整個「亞太營運中心計畫」外商投資案中總投資金額最高者。無論就投資金額之高,或牽涉層面之廣,拜耳無疑是最具指標性的亞太營運中心投資案。

　　本章特別引用當時媒體形容拜耳設廠預定地的「德租界」一詞,來帶出拜耳案的制度意義。同期間,大部分廠商投資設廠所遭遇的,都是用地取得問題。正如江丙坤在 1997 年 3 月 10 日接受《中央日報》訪問時所說:

「亞太營運中心有兩個關鍵：一、希望做到邊界措施自由化，包括人員、資金、貨物、資訊、技術等進出完全自由化；二是行政效率提升，手續要簡化。目前在各項申請流程中，土地變更流程的困難最多，經建會已經委託專家學者研究有關土地變更使用流程，像農地變更為工業區、工商綜合區，或遊樂區等過程的主要難題，希望把問題找出來解決。」

土地取得的確是眾家外商投資所遭遇的問題之一[1]。有些外商，如韓國貿易中心大韓貿易公司、日商 SMC 株式會社、日商古河銅箔公司等選擇既有的斗六工業區逕行設廠，美商 Defect & Yield Management 公司選擇在新竹科學園區設立子公司，德商西門子選擇與茂矽合作簽約，比商 Barco 公司投資系通科技公司 20%股權，皆不涉及科學園區及既有工業區以外土地租用及核發執照等問題。與其他外商的投資形式相對照，就不難發現拜耳其實採取了一個極為大膽的制度新嘗試：在既有的制度規範之下，試圖以切割地域的方式實行對其有利的另一套遊戲規則。

拜耳所選擇的方案相當合理。廠商是為了掌握獲利機會而存在的，獲利機會則由既有的制度限制所決定。這界定機會範圍的制度限制，是由正式和非正式規則共同構成的複雜組合，其中各種組合方式決定了不同情況之下的選擇範圍。

廠商的極大化行為形式，可以是在既定的限制範圍內做選擇，或是投入資源去改變制度的限制。廠商（經濟組織）會採行何種方向，須視其對報酬的主觀認知而定（North，1990）。在拜耳案中，我們可以看

---

[1] 經濟部投資業務處調查外商投資所需政府協助之問題詳見附錄 1-2。

到各種選擇形式的具體呈現。

貳、三項爭議

一、爭議一：土地劃租問題

劉鴻暉（2000）在關於 80 年代末期以來威權政經轉型的論述中，指出「臺灣政府不僅是個參與者，而且對私人產業的投資方向具有決定性的影響」；黃錦堂（2000）則引用「晚期資本主義的正當性危機」的觀點，說明資本家因承受高度風險，因而必須有政府的大力扶助，扶助資本家也就意謂著國家經濟的發展。因此，中央政府從一開始就將拜耳投資案作為招攬國際資本的指標案例，而拜耳公司也選擇由上而下（up down）──由中央到地方──的途徑，試圖突破既有的制度限制。

臺中港務局以往出租港區用地，均是以「商港法」[2]向租地廠商收取土地改良費、管理費及公告地價 5% 的年租金，拜耳則要求依 1994 年通過的「獎勵民間參與交通建設條例」[3]（以下簡稱獎參條例）開發工業區設廠，而非商港法來租地建廠。若依獎參條例相關規定，土地租金依公告地價 5% 計收，拜耳只須負擔每年 5 元的土地租金，但拜耳仍不滿意，希望比照港區內桂裕鋼鐵公司以每平方公尺 104.7 元的年租金取得土地使用權。令港務局為難的是，桂裕租用的廠址每平方公尺公告地

---

[2]　「商港法」全文可參見「全國法規資料庫」https://law.moj.gov.tw/LawClass/LawAll.aspx?pcode=K0080001。

[3]　「獎勵民間參與交通建設條例」全文可參見「全國法規資料庫」https://law.moj.gov.tw/LawClass/LawAll.aspx?pcode=K0020019。

價只有 480 元，拜耳的用地每平方公尺則是 1,700 元，相差三倍以上。

除了租金問題，拜耳公司亦要求依據獎參條例取得本計畫興建、經營權 50 年，及後續更新經營權 50 年。一旦訂下租約，租金不得調漲，這與現行依公告地價訂定租金的原則相悖。同時，因擔心民眾抗爭，拜耳一併要求該公司相關人員、車輛及物資，可使用港區及聯外陸上交通設施。其他要求還包括在廠房半徑 2 公里範圍內，禁止興建學校、住宅、食品工廠及未具有二十年以上經驗使用光氣製程工廠。若同意其全數要求，則將形成區內區外雙軌現象，是以當時的媒體報導以「德租界」來稱呼拜耳設廠預定地（邱家宜，《新新聞》第 495 期）。

由於拜耳公司向臺中港務局申請適用獎參條例開發工業區設廠，而獎參條例的主管機關是經濟部，臺中港務局因此將本案移交經濟部處理。1995 年 3 月，時值「亞太營運中心計畫」第一年，經濟部、財政部、省政府、臺中港務局會商結論，同意該投資計畫以專案方式辦理，土地廠房租金應與附近地租相當。同年 8 月，經建會同意劃設專業區，建議優先提供拜耳公司使用，並依獎參條例規定租地開發[4]。8 月 16日，行政院跨部會協調原則決定，將以劃定特區方式將拜耳設廠用地排除在公告地價適用範圍之外，不以租金，而以其他名義收取費用，如此即不會有租金隨地價調整的問題。為了解決租約十年以上即需經地方議會同意的法律規定，行政院甚至考慮修法或以行政命令除外條款，讓資本、技術密集達一定程度的外商可不經地方議會同意。

在中央各相關部會的協調下，至 1996 年 11 月為止，唯有投資經營許可期 50 年、後續更新經營許可期 50 年及地上權設定 50 年，依「土

---

[4] 經建會負有臺灣重大建設計畫規劃、審議及協調之責，各部會陳報行政院之重大計畫，行政院均會交議經建會提出審議意見，再予核定。

地法」第 25 條[5]規定需送省議會同意，以及拜耳公司廠房以外 2 公里範圍禁設光氣製程化工廠、相關人員物資使用港區及聯外交通設施的要求，尚需省議會同意依據「臺中港整體規劃體地使用計畫」及「商港法」辦理。

二、爭議二：環保與地方發展之爭

PU 是廣為各種製造業使用的塑膠原料，TDI 則係生產 PU 所必需的物質，全世界只有少數廠家生產，拜耳是其中之一。然而，民間對 TDI 的生產存有疑慮，例如 1984 年印度中部波帕爾市的美商永備化工廠毒氣外洩事件，造成 2,500 人喪生，20 萬人受傷，而 TDI 較當時肇禍的氰酸甲苯（MIC）毒性更強。儘管拜耳公司表示將投資 20 億元於環保設施的興建，但拜耳德國都瑪根化工廠也曾發生二胺基甲苯（TDA）外洩事件，民眾的疑懼始終無法化解。

為了降低外界對於環境與安全疑慮，拜耳公司採取「融入社區組織」的溝通協商模式，在預定廠址設立辦公室及溝通小組，以低姿態、地毯式的登門拜訪來化解地方居民的反對聲浪（湯京平，1999）。此外，設廠的環境風險係參採歐洲標準來進行環境影響評估，連耗資甚鉅但關係有限的海岸擴散模式分析都列入環評項目。針對光氣外洩等工安部分，拜耳公司也提出了說帖，強調未來的危機處理模式，包括：

1. 使用德國最先進機械規格與安全防護，而且是全世界一致的標準。

---

[5]　「土地法」第 25 條規定，直轄市或縣（市）政府對於其所管公有土地，非經該管區內民意機關同意，並經行政院核准，不得處分或設定負擔或為超過 10 年期間之租賃。

2. 避免人為操作疏失管理：

(1) 全廠之運轉皆設計為高度自動化控制，以減少人為疏失。

(2) 以責任照顧制的管理制度，督促員工戮力執行環保工安措施，該制度在拜耳位於世界各處的工廠中，被有效確實執行並達到預期效果。

(3) 嚴謹的人員訓練。主管人員皆需至國外接受為期約一年的訓練。

3. 以水平地表加速度 0.28G 為製程區設施防震基準，可抗強度六級之地震，另外在重要設備，再加強其抗震設計。

4. 戰爭之應變：

(1) 宣戰：暫停生產，廠區內無儲存危害物質。

(2) 突擊事件：主要製程單元遭彈擊，因高熱，危害物質將受焚燒而消失。其他設備遭彈擊，氨水蒸氣系統啟動防護。

　　然而，一如同時期許多設廠抗爭事件，與環保議題相牴觸的，永遠是尚未實現的經濟利益。經濟部預估拜耳設廠後，每年可帶來 15 億元的營業稅，1 億 5,000 萬元的房屋稅，創造 200 個就業機會，可為我國提昇 0.6%的經濟成長率，不僅符合政府推動亞太營運中心的政策，更可促使臺灣產業升級，平衡貿易逆差，也為臺中港帶來進出口業務量。此外，拜耳公司生產的 TDI 為年產 10 萬噸的化工原料，不僅供應臺灣中下游工業所需，足以取代進口，而且八成外銷，合計 20 年經濟交易可達 1,200 億元。

　　然而，拜耳這項重大投資，在被視為一個「地方成長機器」（黃錦堂，2000）所掌握的條件，例如經濟利益（經濟成長率提高、就業機會增加、回饋地方等）及工安危機處理，大多屬於事先承諾未來的行動。當報酬只能在未來得到回收之時，如何能形成可靠的承諾以促成合作

呢？如果一方可以毫無疑義地衡量出契約結果，那麼判定對方是否信守契約條件便沒有困難，但有更多情況卻是這些衡量和執行成本高到需要一個強制力量來執行合約。在此情況下，引進政府作為一個第三者執行並且運用強制力執行合約，似乎是合理的選項。

但是，如果政府可以完美地運用其強制力執行合約，為何拜耳最終仍步上了撤資一途？

三、爭議三：中央與地方之爭

1996 年 6 月，經建會再度邀集相關部會協調拜耳土地租約問題，同時臺中縣以縣長參選人廖永來為首的「反拜耳設廠行動聯盟」開始在地方展開運作及抗爭活動。在行政院積極協調省政府支持下，省環保處在 9 月完成第一階段環境影響說明審查，1997 年 8 月，省建設廳完成第二階段環評報告書現場勘查，拜耳公司並邀請地方里長及鄉民代表赴德參訪 TDI 工廠。在中央政府的運作及拜耳公司積極爭取地方居民支持下[6]，環境影響評估以「限期通過」迅速審結，投資案一度露出曙光。

然而，1997 年底臺中縣長選舉，為環保與經濟發展之爭增加了變數。這場縣市長選戰，長期執政的國民黨遭遇空前挫敗，只剩下 8 席縣市長席次（黃錦堂，2000）。11 月，民進黨籍的新任臺中縣長廖永來為兌現競選支票，以臺中港地小人稠，一旦發生毒氣外洩，所造成的傷害更為嚴重，拒絕出席拜耳的環評會議、拒絕履行環評依法通過的結果，並揚言拜耳設廠必須經過港區民眾公民投票。12 月 16 日，眼見設

---

[6]　根據拜耳公司進行的民意調查，在臺中港區的四個行政區中，1997 年 9 月到 10 月間，有超過六成民眾支持拜耳在該地設廠。（湯京平，1999）

廠營運遙遙無期，拜耳公司明確表示，若年底無法取得土地租約，可能撤資。

消息一出，震驚政府及業界。事隔一日，在經建會勸說下，廖永來承諾在省議會暫緩拜耳土地租約前提下，可以不舉辦公民投票。再隔一日，省議會決議擱置拜耳土地租約案，擇期再審。拜耳公司於焉在 12 月 19 日宣布停止在臺投資，轉往美國德州設廠，同年經建會提報的亞太營運中心計畫第一階段辦理情形及成果書面資料已無拜耳投資案列名。

事已至此，行政院仍不放棄任何讓拜耳案起死回生的機會。1998 年 2 月，在中央運作下，省議會臨時會專案討論拜耳土地租約案，同年 3 月 6 日通過。但 3 月 9 日臺中縣政府宣布將配合 6 月 13 日舉行的鄉鎮市民代表及村里長選舉，同步舉行公投，在此之前不會核發任何證照，形同終結投資案的所有可能性。

表 1-1　拜耳來臺投資大事紀

時間	內容
1994.11.04	拜耳公司向經濟部提出來臺投資申請案
1994.12.17	投審會核准此案
1995.03.02	經濟部、財政部、省政府、臺中港務局會商結論，同意以「專案方式」辦理，土地廠房租金應與附近地租相當，並請拜耳公司加強回饋地方措施。
1995.08.02	經建會同意劃設專業區，建議優先提供拜耳公司使用，並依獎參條例規定租地開發
1996.06.28	經建會邀相關機關就土地租用問題協商，臺中縣反拜耳組織在地方展開運作

1996.09.09	省環保處完成第一階段環境影響說明審查
1997.08.07	省建設廳完成第二階段環評報告書現場勘查
1997.08.22	拜耳公司邀請地方里長及鄉民代表赴德參訪 TDI 工廠
1997.11.29	廖永來當選縣長，揚言將拜耳案訴諸公投
1997.12.16	拜耳公司明確表示，若年底無法取得土地租約，可能撤資
1997.12.17	廖永來拜會經建會主委，承諾在省議會暫緩拜耳土地租約前提下，可以不舉辦公民投票
1997.12.18	省議會擱置拜耳土地租約案
1997.12.19	拜耳宣布停止在臺投資
1998.02.16	省議會臨時會專案討論拜耳土地租約案，同年 3.6 通過
1998.03.09	臺中縣政府宣布將配合 6.13 舉行的鄉鎮市民代表及村里長選舉，同步舉行公投，在此之前不會核發任何證照
1998.03.18	拜耳公司宣佈對臺投資案已失敗，將不再繼續推動此案

資料來源：胡健蘭，2000。

　　拜耳投資案雖然受到中央政府的大力支持，拜耳公司亦積極與地方居民直接溝通，以滿足其對經濟利益的要求，但地方政府握有核發各項執照及許可的權力，地方議會亦可決定是否要求第二階段環境影響評估及是否通過租地案，等於實質上握有重大投資案的否決權。以拜耳案來說，即使多數地方居民同意，但掌握社會網絡的地方菁英（包括地方派系領袖及民選公職人員）預期從事件中獲得私人附加利益（如提高政治聲望、謀求佣金等），他們便有動機在政策競技場域（policy arenas）中，持續動員反對力量，直到利益被滿足為止。廖永來在臺中地區結合環保團體，以反拜耳訴求贏得縣長選舉，就是明顯的例子。（湯京平，1999）

第五章　拜耳撤資的後續影響

　　拜耳撤資之後，令各界關注的是，整個事件對其他外商投資的影響如何？藍正朋（2001）指出，拜耳撤資茲事體大，反對人士雖曾私下向德國拜耳總部示好，其後有苗栗、臺南及嘉義縣等也分別向拜耳公司提出優惠的建廠條件，惟均未能挽回拜耳公司撤資的決心。當時國外僑胞均對此表示關切，紛紛透過管道聲請在野黨改善，杜邦公司在桃園的投資案方能倖免於一劫，但是整個事件已經對國家經濟發展造成了傷害。拜耳案撤資轉進美國德州，外資對臺投資意願轉趨保守。2000 年中國大陸向拜耳公司提出優厚的設廠條件，拜耳已經到上海進行一項高達31 億美元（約 1,000 億臺幣）TDI 設廠計畫，以取代原來在臺灣的計畫。

壹、拜耳案之後的外資流向

　　我們從經建會所發布的「亞太營運中心計畫」執行成果，和瑞士洛桑（Lausanne）國際管理學院（International Management Development Institute，簡稱 IMD）發布的「世界競爭力報告」[1]，來觀察臺灣吸引外

---

[1] 根據瑞士洛桑國際管理學院（以下簡稱 IMD）所出版的《世界競爭力年報》（原名為《世界競爭力報告》），「競爭力」定義為：「一國經由經營其資產之加工過程、吸引力、積極性、全球化及親和性，並將此種關係整合為經濟與社會模式，來創造附加價值，以增加國家財富的能力」，其重點即在於「創造附加價值，增加國家財富的能力」。而根據自 1996 年由 IMD 分離出之世界經濟論壇（以下簡稱 WEF）所出版的《全

商投資情形。

一、「發展臺灣成為亞太營運中心」計畫執行成果

　　第一階段執行成果報告（1995.1-1997.6.30）中，簽署策略聯盟意向書並確定在臺設立營運中心的外商，計有奇異、卡本特科技、摩托羅拉、HMM、飛利浦、興世亞、德州儀器、杜邦、瑞侃、國際商業機器、北方電訊、美商應用材料、美商泛林、德商西門子等 14 家公司，總計與 48 家跨國企業簽訂策略聯盟，含 35 件投資案，投資金額達新臺幣 1,141.2 億元（詳表 1-2）。值得注意的是，經濟部與 48 家跨國企業簽訂策略聯盟，其中只有 14 家真正在臺設立營運中心，其餘 34 家仍在觀望當中。

　　此外，雖有摩托羅拉將亞太微處理器及記憶體科技事業總部由香港移至臺灣，德州儀器將亞太區域總部、線性邏輯亞太總部、系統產品亞太總部、線性積體電路設計中心及客戶應用設計中心自香港移至臺灣，及洛克希德馬丁將北亞區國際部門總部自東京遷移至臺北，但總體而言，仍距離臺灣成為亞太營運中心的目標十分遙遠。

球競爭力報告》，國際競爭力指「一國經濟獲得生活水準快速與持續成長的能力」，強調成長的能力（杜震華，1999）。IMD 所提之國內經濟通常是結果而非原因，是因競爭後之結果而表現於經濟上，因此，IMD 之評估較能看出目前或最近之經濟表現。為觀察臺灣經濟發展及對外商投資吸引力的長期變化，本文選用 IMD 的評比資料。

表 1-2　「發展臺灣成為亞太營運中心計畫」第一階段 跨國企業與經濟部
簽署策略聯盟意願書　吸引投資案執行成果

單位：新臺幣億元

公司名稱	總金額	具體執行計畫
1.奇異（G.E.）	1	與鼎盛公司合資設立奇異鼎眾醫療設備公司，共同發展奇異全球醫療系統事業
	2.5	與裕隆公司合資成立奇異資融股份有限公司及裕融企業股份有限公司
2.卡本特科技	64	與華新麗華公司合資設立華新卡本特特殊鋼公司
3.摩托羅拉	12	擴建中壢半導體廠及無線通訊晶體工廠
4.HMM	1.1	購併康旭電子公司，生產連接器行銷全球
	2.8	投資電子關鍵零組件製造與銷售及企業諮詢服務
5.飛利浦	90	設立高解析度彩色顯示器映像管廠
	48.3	增資擴充及提升現有產品產能
	3.4	設立飛中電腦公司
	40	增資擴大在華投資，使臺灣飛利浦成為亞太營運中心
6.興世亞	7	與昇陽建設公司合資設立喜陽公司
	6	與永明水泥製品廠合資設立優睦混凝土公司
	11	購併長建工程公司
	12	投資臺北捷運隧道環片公司
7.汽巴嘉基	12	擴建供熊添加劑廠

8.德州儀器	6	擴建中和廠
	2	增資擴充生產線
	250	合資企業德基半導體公司投資八吋晶圓廠
9.杜邦	0.3	與有德機械、中國漢蔚公司合資設立杜邦有德公司
	27	與遠東集團合資設立遠東杜邦公司
10.瑞侃	3	與太平洋電線電纜公司合資設立太瑞電通公司
11.國際商業機器	1	成立華際科技公司，作為「關鍵零組件技術移轉中心」
12.國際商業機器、摩托羅拉	0.5	合資設立威力晶片科技中心
13.北方電訊	2	與南方電訊公司合資經營
14.美商應用材料	10	成立半導體製造設備之技術研究中心
15.凱米特公司	8	生產 NBL（正丁基鋰）
16.美商泛林公司	3.5	成立「亞太技術研發中心及訓練中心」
17.德商西門子公司	467	1996.11.7 與臺灣茂矽公司成立茂德科技，生產 256M 記憶體
18.達梭公司	1	與全峰實業公司合資生產飛機零組件
	3.4	與漢翔公司合作生產 FALCON JET 客機方向舵
	0.3	投資倫飛電腦公司，以投入航電系統之研發。
19.西南貝爾公司	12	投資泛亞電信 20%之股權，並取得 GSM 行動電話南區執照
20.蘭吉爾公司	1.1	與華城公司合資 400 萬美元成立華城蘭吉爾公司

21.德固薩公司	2.5	增資 2.5 億新臺幣生產矽膠等化學產品
22.唐誠製藥公司	2	科學園區投資 2 億新臺幣生產生化產品
小計	1,141.1	

資料來源：行政院經濟建設委員會

表 1-3 「發展臺灣成為亞太營運中心計畫」第一階段 跨國企業在臺設立營運中心之廠商名單

公司名稱	具體執行計畫
1.LUCENT TECHNOLOGIES TELECOMMUNICATIONS CO. LTD.（前 AT&T）	1.成立亞太地區工程應用技術中心 2.成立交換機製造中心
2.卡本特科技	亞太地區業務發展中心
3.摩托羅拉	1.全球無線通訊晶體製造中心 2.威力晶片科技中心 3.亞太微處理器及記憶體科技事業總部（由香港移至臺灣）
4.HMM	連接器產品之亞太製造中心
5.艾波比	鋼鐵部門之亞太營運中心
6.飛利浦	亞太區域半導體、顯像組件電腦顯示器零組件及被動零組件之製造、研發、企劃及行銷中心
7.興世亞	亞太地區之製造及業務發展中心
8.德州儀器	亞太區域總部、線性邏輯亞太總部、系統產品亞太總部、線性積體電路設計中心及客戶應用設計中心（自香港移至臺灣）

9.納可環技	為中國大陸、韓國及東南亞等國家之技術服務中心,提供脫氮技術、環保設備及相關藥品
10.杜邦	亞太地區二氧化鈦事業部亞太營運中心
11.瑞侃	電線電纜亞太供應中心
12.國際商業機器	威力晶片科技中心:關鍵零組件技術移轉中心
13.迪吉多電腦	美球個人電腦研發和製造中心
14.北方電訊	泛歐數位行動電話系統(GSM)營運中心,負責系統安裝、測試及技術服務中心
15.美商奇異公司	照明資材採購中心、奇異醫療器材採購中心、家電採購中心
16.洛克希德馬丁	北亞區國際部門總部(自東京遷移至臺北)
17.美商應用材料	技術研發中心
18.美商泛林公司	亞太研發中心及訓練中心
19.美商洛克威爾公司	無線通訊產品設計中心
20.丹麥安莎爾多公司	亞太環保中心

資料來源:行政院經濟建設委員會

　　我們再來看看計畫第二階段吸引外資的執行成果。自 1997 年 7 月至 2000 年 12 月底,已與 24 家跨國企業簽署策略聯盟意願書,吸引 43 件投資案,投資金額約新臺幣 960 億元;另促成 42 件技術合作及移轉案,及協助設立 10 個營運中心。自亞太營運中心計畫推動以來,總計共與 72 家跨國企業簽署策略聯盟意願書,吸引 66 件投資案,促成 92

件技術合作及移轉案，及協助設立 33 個營運中心，帶動投資金額約新臺幣 2,080 億元。

　　然而，第二階段報告書中並無簽署策略聯盟意願書及設立營運中心廠商名單兩張列表，因此無從與第一階段報告書比對廠商名單與進出狀況。若只就案件數及金額而言，外商在臺設立營運中心並帶動投資的幅度確有減緩。

二、IMD 評比臺灣對外資之吸引力

　　我們從 IMD 每年發布的「世界競爭力報告」，可以略窺臺灣對外商投資的吸引力如何。表 1-4 列出 1995 年（亞太營運中心計畫起始年）亞洲主要國家或地區經濟競爭力之排名，臺灣的總排名尚在新加坡及香港之後，其中國際策略聯盟（第 27 名）、外人直接投資（第 27 名）及環境保護與經濟競爭力相容性（第 37 名）等評比細項被列入劣勢項目。

表 1-4　1995 年亞洲主要國家或地區經濟競爭力之排名

	總排名	國內經濟實力	國際化	政府政策	金融績效	基礎建設	企業管理	科技	人力
新加坡	2	2	2	1	1	12	5	10	1
香港	3	3	3	2	4	17	8	23	19
中華民國	11	7	14	5	12	20	15	8	18
馬來西亞	21	5	21	4	18	20	22	33	25
泰國	26	9	22	11	21	40	28	31	26
南韓	24	6	34	24	34	30	25	15	21
印尼	33	27	32	31	26	36	38	43	44

| 菲律賓 | 35 | 33 | 29 | 32 | 27 | 44 | 34 | 42 | 43 |
| 印度 | 39 | 28 | 40 | 30 | 30 | 43 | 39 | 35 | 47 |

資料來源：經濟部投資業務處，IMD1995 年「世界經濟競爭力比較報
告」分析摘要，1995 年 9 月

　　歷經數次改版及評比細項調整，IMD 從 1999 年起增加了國家吸引
力（attractionoflocation）排名的調查，此為針對全球企業最喜歡投資的
國家進行評比，共有三項吸引投資的指標，分別為：對製造活動的吸引
力、對研發活動的吸引力、對服務與管理活動的吸引力。但 IMD 在
2001 年版的報告中，考慮市場開放與技術變革對現代經濟的影響，將
原先的 8 項投入面因素（國內經濟、國際化程度、政府、財政與金融、
管理、基礎建設、科技與人民），加上部分新增指標重組為 4 項投入面
指標（經濟表現、政府效率、企業效率與基礎建設）[2]，此一全面改版
使本文無法取得連續性資料，惟依據 2001 年改版後的評比結果，臺灣
在製造活動的吸引力排名為 20 名、研發活動吸引力排名為 18 名、服務
與管理吸引力為 22 名，仍落後於新加坡與香港。
　　表 1-5 列出 2001-2005 年亞洲主要國家在 IMD 全球競爭力報告之排
名，我們可以看到，香港在 2005 年總排名首度超越了新加坡，但臺灣

---

[2]　IMD 認為影響競爭力因素必然附著於影響經濟結構之特徵因素，如資產與轉換能力等因
　　素，唯有這些投入因素與轉換面因素愈強，國家競爭力才能愈強，也愈能促進國家的經
　　濟成長。過去 IMD 共選擇 8 項經濟結構因素作為投入因素，不過從 2001 年版的報告中，
　　考慮市場開放與技術變革對現代經濟的影響，將此八項投入面因素（國內經濟、國際化
　　程度、政府、財政與金融、管理、基礎建設、科技與人民等八大項指標），加上部分新
　　增指標（如全球化指標）重組與簡化為四項投入面指標（經濟表現、政府效率、企業效
　　率與基礎建設），綜合四大構面之指標得出整體國家競爭力指標。另外，IMD 在 2003 年
　　國家競爭力評比時，將評比國家分為二類分別進行評比（人口數高與低於 2000 萬以下國
　　家與城市（新增 8 個），2004 年又恢復原先合計的模式。2004-2005 年評比國家與城市
　　均維持在 60 個。（林秀英，2005）

仍遠落後於這兩個國家，從 1995 年以來始終未能扭轉此一形勢。

表 1-5　2001-2005 年亞洲主要國家在 IMD 全球競爭力報告之排名

國家	2005	2004	2003	2002	2001
香港	2	6	10	13	4
新加坡	3	2	4	8	3
臺灣	11	12	17	20	16
日本	21	23	25	27	23
泰國	27	29	30	31	34
馬來西亞	28	16	21	24	28
南韓	29	35	37	29	29
中國	31	24	29	28	26
印度	39	34	50	41	42

資料來源：IMD, World Competitiveness Yearbook 2005.

　　表 1-6 列出 2001-2005 年臺灣在 IMD 全球競爭力報告中，中項指標排名之變化，其中「國際投資」排名分別為第 37、39、40、43 與 39名，相較於 1995 年舊版「外人直接投資」評比項目的第 27 名，顯然陷入了惡化的態勢當中。

　　此外，IMD 在競爭力報告中提出，「積極海外擴張（Aggressive）」與「吸引投資（Attraction）」策略均是強化國家競爭力的管道，前者可由積極擴張出口與直接對外投資，在國際市場上求生存，如日本、臺灣與南韓；後者強調改善國內投資環境以吸引外來投資並留住國內企業，如愛爾蘭、泰國、英國。IMD 此項歸類極具象徵意義，顯示臺灣經濟發展的途徑已轉向海外擴張，「吸引投資」逐漸弱化。

表 1-6　2001-2005 年臺灣在 IMD 全球競爭力之中項指標排名變化

大、中分類	2005 年排名	2004 年排名	2003 年排名	2002 年排名	2001 年排名
壹、經濟表現	**18**	**24**	**33**	**38**	**26**
一、國內經濟	18	23	26	44	18
二、國際貿易	15	11	11	14	19
三、國際投資	39	43	40	39	37
四、就業	13	27	27	29	23
五、價格	26	33	46	41	35
貳、政府效能	**19**	**18**	**20**	**24**	**17**
一、財政情勢	23	16	16	40	6
二、財政政策	5	11	4	7	7
三、法規體制	20	19	27	23	29
四、企業法規	20	18	24	27	28
五、社會架構	37	34	33	22	26
參、企業效能	**6**	**7**	**11**	**16**	**9**
一、生產力	14	18	14	34	7
二、勞動市場	8	9	5	18	13
三、金融市場	6	9	13	18	17
四、管理實務	14	9	16	17	17
五、態度及價值觀	7	7	9	11	8
肆、基礎建設	**18**	**20**	**23**	**20**	**20**
一、基本建設	22	36	26	25	26
二、技術基礎建設	5	7	20	12	8
三、科學基礎建設	10	8	14	14	11
四、醫療與環境	36	35	36	29	28
五、教育	16	16	21	19	18

資料來源：IMD, World Competitiveness Yearbook/ Online/2005

貳、全球運籌中心及創新研發中心的政策轉向

2000 年 5 月政黨輪替，民進黨首次執政。10 月行政院通過「全球運籌發展計畫」[3]，接續「亞太營運中心計畫」第二階段，政策轉向以發展臺灣成為全球運籌管理中心為目標；一星期之後，負責推動亞太營運中心計畫的核心任務編組「亞太營運協調服務中心」正式更名為「財經法制協調服務中心」。

表面上，政黨輪替終結了「亞太營運中心計畫」，但事實上，「全球運籌發展計畫」並不是全新的政策。在 1999 年 7 月 8 日第 2636 次行政院會中，院長針對「亞太營運中心計畫之績效與展望」簡報有關發展臺灣成為運籌中心部分，特別指示：

> 「面對網路時代的來臨，及高科技產業的發展，希望在進入第三階段時，能將臺灣建設成一個運籌中心，使世界各國的經貿活動，無論是產品的供應、下單、運輸、銷售，都能快速、便捷的在此運籌中心完成。」

2000 年 1 月 20 日第 2665 次院會，院長則指示：

> 「發展全球運籌中心的時機已經成熟，但仍有法令尚待整合、通關效率不彰等缺失，希望經建會協調各部會摒除本位主義、排除貿易障礙，共同為創建全球運籌管理中心而努力。」

---

[3]　全球運籌中心推動計畫內容詳見附錄 1-3。

　　從政府政策的選擇，我們可以看出制度安排上的調整。「改善投資環境」、「積極吸引投資」的口號依舊維持，但政策內容已逐步轉變，在強調電子商務的「全球運籌發展中心計畫」之後，經濟部又提出「創新研發中心」推動計畫，以「創造最大經濟附加價值」為依歸，以「研發創新」為「高附加價值製造中心」定位奠基，同時支援企業全球生產佈局。

　　無論是電子商務或是研發創新，都刻意避開了先前困擾廠商已久的土地取得及設廠抗爭問題。然而，風波仍未止息，2000 年 10 月 27 日「扁連會」後，行政院宣佈停建核四。

　　「核四是最後信心危機的致命一擊。」2000 年 10 月 16 日，前經建會主委江丙坤在接受《自由時報》專訪時，談到民進黨新政府從過去反拜耳、反六輕，到停建核四所予人的反商印象，並將當時景氣低迷的原因歸罪於此。

　　然而，與其把停建核四當成單一事件來討論其對國家經濟發展造成的傷害，不如說核四和拜耳投資案，甚至是更早期的杜邦在鹿港投資案（1985-1986）[4]、臺塑六輕在宜蘭利澤投資案（1986-1991）相同[5]，是

---

[4]　1985 年經濟部規劃將彰濱工業區土地兩百多公頃開闢為農藥製造區域，將全臺 69 家農藥廠都集中於此，引發當地居民強烈反彈。1985 年 8 月，美國杜邦公司決定投資 1.6 億美元在彰濱工業區生產二氧化鈦，居民反對聲浪更烈。1986 年 3 月，彰化縣議員李棟樑發起陳情書簽字活動，在兩天內即獲得數萬人連署，之後陳情書緊急送到總統府、行政院和立法院等單位。陳情書稱，杜邦公司申請高達 60 公頃的土地，絕非僅生產二氧化鈦，將來不排除生產高危險化學物品，且二氧化鈦生產過程中產生的廢氣與廢水處理，將會對當地環境造成污染，引發全臺各地的反對杜邦至彰化設廠行動。1986 年 10 月，彰化縣公害防治協會成立，以各種抗爭手段抵制杜邦設廠。1987 年 3 月 12 日，杜邦公司宣布取消鹿港設廠計畫，反杜邦運動也成為臺灣首件環保抗爭導致外商終止投資計畫的事件，而後行政院在 1987 年設立環保署。

[5]　1986 年 11 月 6 日，臺塑宣布準備在宜蘭利澤工業區投資 400 億元設立輕油裂解廠，受到國民黨籍為主的縣議會歡迎，但民進黨籍的議長陳定南並不支持。由於縣長握有建照、水權之核准權，1988 年 10 月臺塑宣布放棄在宜蘭設置六輕廠，但利澤工業區 270 公頃土

臺灣在自由化、民主化過程中，制度面衝突的體現。從早年的威權體制中走來，許多投資案都習慣以中央政府為唯一的決策單位，忽略地方握有實際建廠上的否決權。甚至連當時的執政者、政策規劃者（技術官僚），都尚未意識到中央—地方制度面設計的缺陷，將導致重大投資案，乃至整個經建計畫的失敗。

地仍為臺塑所有。1990 年總統李登輝、行政院長郝柏村等人強力推動六輕回歸，宜蘭縣長游錫堃依舊持反對立場，表示即使北宜高速公路因此緩建也在所不惜，郝柏村因而強調：「中央的政令在各縣市都必須統一」、並以「絕不容許任何縣市成為一個小的獨立王國」譴責游錫堃(中時報導，1991)。1991 年 6 月行政院核定六輕在雲林離島工業區工廠，7 月雲林人在臺西舉辦萬人遊行歡迎六輕，8 月雲林縣長廖泉裕、議長張榮味、麥寮鄉長林松村等地方人士前往臺北向臺塑表達歡迎六輕進駐，於是六輕最終落腳雲林。

第六章　結論

　　在自由化、國際化的潮流之下,「亞太營運中心計畫」進行了許多法令鬆綁及改善投資環境等措施,希望能將臺灣建設成區域性經濟活動的中心。然而,1997 底的拜耳撤資案,卻讓整個計畫的推動受到了重挫。

　　究其原因,拜耳案的失敗,在於選擇由上而下(up down)、由中央到地方的途徑,試圖突破既有的商港法等限制,卻忽略了制度設計中,民選的地方政府掌握著核發各項執照的權力,等於實質上握有建廠否決權。即使拜耳公司已採取與當地居民直接溝通的策略,卻因為低估地方政治生態的影響力,導致整件投資案的失敗。

　　拜耳撤資所體現的,是臺灣投資環境從早年中央政府握有唯一決策權,到地方政府逐漸展現談判力量的過程。而這樣的制度設計,將所有在臺灣的重大投資案鎖入一條特定的路徑中:廠商必須投入資源,向中央政府爭取優惠條件、調整不合時宜的法規,但即使中央核定重大投資計畫,地方仍握有否決的行政裁量權。廠商永遠無法準確評估,需要再投入多少資源取得地方支持、順利建廠營運。在制度存在不確定因素,導致交易成本過高的時候,廠商最合理的決策就是:放棄將臺灣作為投資地選項之一。

　　因此,2000 年政黨輪替之後推出的全球運籌中心及創新研發中心計畫,重點已從吸引外國投資設廠轉為電子商務、技術研發等項目。在

拜耳撤資之後，投資金額高達數百億元的實體建廠案也幾不復見 [1]。而
這也隱含著，政黨輪替在被視為單一政治事件對整體經濟發展之影響，
其重要性被過分誇大了。拜耳案之失敗乃至亞太營運中心計畫之中挫，
甚至接續到核四停建，說明了在制度改革的過程中，無論何人執政，都
不能忽略制度設計中的不確定性。另一方面，這也意味著，將整體經濟
振衰起弊的重任寄託於單純政權的更迭，終究是不可能實現的夢想。

---

[1] 近年知名的硬體投資建設案應屬 Google 在彰濱工業區的資料中心，總投資額度達 7.8 億
　　美元、聘僱超過 200 名員工，是 Google 在亞洲地區最大的資料中心，於 2013 年 12 月 11
　　日啟用。

參考文獻

1.　Douglass C. North and Lance Davis, *Institutional Change and American Economic Growth*, Cambridge University Press, 1971.1971.

2.　Douglass C. North and Robert Paul Thomas, *The Rise of the Western World:A New Economic History*, Cambridge University Press, 1973.

3.　Nort h C. North 著，劉瑞華譯，**經濟史的結構與變遷**，時報文化，1995 年。

4.　North C. North 著，劉瑞華譯，**制度、制度變遷與經濟成就**，時報文化，1994 年。

5.　Paul A. David, *Technical Choice, Innovation and Economic Growth*, Cambridge: Cambridge University Press,1975.

6.　Paul A. David, *Clio and the Economics of QWERTY*, American Economic Review, 75:332-37,1985.

7.　W. Brian Arthur, *Competing Technologies ,Increasing Returns, and Lock-in by Historical Events*, Economic Journal, 99:116-31,1989.

8.　行政院經濟建設委員會，**亞太營運中心之路——跨世紀築夢工程**，時報文化，1998 年 12 月。

9.　行政院經濟建設委員會，發展亞太營運中心計畫辦理情形及成果（第一階段），1997 年 10 月。

10.　行政院經濟建設委員會，**臺灣經濟發展歷程與策略**，2010 年 11 月。

11.　胡健蘭，企業與利益團體間的議題管理策略研究——以拜耳公司在

臺設廠案為例，臺灣師範大學大眾傳播研究所碩士論文，2000年。

12. 劉瑞華，新經濟史革命──介紹 R.Fogel 和 D.North 的學說，**新史學**五卷三期，1994 年 9 月。

13. 湯京平，鄰避性環境衝突管理的制度與策略──以理性選擇與交易成本理論分析六輕建廠及拜耳投資案，**政治科學論叢**第十期，1999年 6 月。

14. 劉鴻暉，民主化與產業發展之政治經濟分析，收錄於**民主轉型與經濟衝突──九○年代臺灣經濟發展的困境與挑戰**一書，桂冠圖書股份有限公司，2000 年 6 月。

15. 黃錦堂，民主化對環保政策之衝擊與因應之道，收錄於**民主轉型與經濟衝突──九○年代臺灣經濟發展的困境與挑戰**一書，桂冠圖書股份有限公司，2000 年 6 月。

16. 邱家宜，臺德簽下「百年不平等條約」，臺中港區可能出現「德租界」，**新新聞**第 495 期。

17. 藍正朋，拜耳撤資案的反省與再反省，財團法人國家政策研究基金會，2001 年 11 月。

18. 江丙坤，**臺灣經濟發展的省思與願景**，聯經出版事業股份有限公司，2004 年 8 月。

19. 杜震華，**亞太營運中心的理論與實際**（二版），華泰文化，1999年。

20. 杜震華，李登輝與亞太營運中心，臺灣好報 2020/9/25。

21. 葉萬安，擘畫亞太營運中心的初心，中時電子報 2020/5/14。

第二篇
我國對中國大陸投資政策之演變（1993~2008）

第一章 緒論

　　我國對廠商赴大陸地區投資的法令依據，最早始於 1990 年 9 月經濟部訂頒之「對大陸地區從事間接投資或技術合作管理辦法」，開放三千多項產品赴中國大陸投資，迄今已屆滿 30 年。在這 30 年當中，歷經動員戡亂時期終止（1991 年）、臺海飛彈危機（1996 年）、亞洲金融風暴（1997 年）、政黨輪替及兩岸先後加入 WTO（2001~2002 年）、網路科技泡沫化（2001 年）等重大歷史事件，對中國大陸的投資政策一直是各方關注的焦點，政治與經濟層面的爭議也從未間斷。

　　本篇並不試圖加入赴中國大陸投資是否造成本國產業空洞化、失業率上升或經濟邊陲化的激烈戰局，而是將重點投注在這 20 年來的政策演變上：一個制度是如何決定了政治與經濟活動的機會，組織又是如何運用制度所帶來的機會，降低成本促成交易、形成知識與創新技術，甚至以談判力量改變制度本身，造成制度變動，在長期將影響一國的經濟成就（Douglass C. North，1994）。

第二章 理論與文獻

　　第二次世界大戰之後，從美國經濟史學界興起一波「新經濟史（New Economic History）」（或稱「計量史學（cliometrics）」）的風潮，強調結合經濟學與歷史，並致力於應用經濟分析與統計方法研究歷史問題。在這一代經濟史學者中，以 Robert W. Fogel 和 Douglass C. North 最具代表，兩人也在 1993 年獲頒諾貝爾經濟學獎。Fogel 強調史料的數量化估計與分析，以「反事實推論（Counterfactual）[1]」的研究方法聞名；而 North 則致力於以制度分析為中心的歷史研究，也帶領了「新制度學派（New Institutionalism）」的發展。以下就 North 所建立的制度分析架構作簡要概述。

壹、交易成本與財產權理論

　　新古典經濟學始於 19 世紀末，以價格理論為其中心發展。雖然此一理論在解釋市場經濟活動上獲得重大的成功，卻存在著本質上的缺陷。一是假定市場瞬時調整，即價格信號對經濟活動的調節具有即刻反應的性質，因而與時間或歷史無關；二是假定市場完善，即滿足完全競爭、完全訊息等條件，忽略交易成本的計算，因而無法解釋非現代西方

---

[1]　反事實推論（counterfactual）係為探求歷史的因果關係所提出的研究方法。為了要說明「A 造成了 B」，就必須了解「如果 A 不發生，則 B 就不會發生」。由於事實上 A 已經發生，於是假設 A 未發生就構成一個反事實推論。

市場類型的經濟活動。例如，新古典經濟學把經濟成長歸因於資本存量的增加與技術進步，但這種情形為何在歷史上甚少發生？如果資本存量增加與技術進步並不是經濟成長的真正原因，而是經濟成長本身，那麼構成經濟成長的因素又在哪裡？

　　打破此一困境的是 Ronald Coase。他發現，在人類的交易或合作行為中，都存在著衡量、監督及執行成本。由於這些成本的存在，制度安排對資源配置及經濟表現是相關的。1971 年，North 和 Lance Davis 出版了《制度變動與美國經濟成長》（*Institutional Change and American Economic Growth*）一書，在經濟史研究中引進 Coase 的觀點，指出制度創新是美國經濟成長的主因，而成功的制度改變是透過財產權的重新安排以降低交易成本。美國的歷史經驗顯示，成功的制度改變能提高效率促進成長。

貳、西方世界的興起

　　1973 年，North 和 Robert Paul Thomas 延續制度分析的架構，將其運用到 10 到 18 世紀間歐洲的歷史，出版《西方世界的興起》（*The Rise of Western World*）一書。他們比較英、法、荷蘭與西班牙等國經濟發展的過程，指出各個社會的資源豐寡雖然會影響經濟成長，但有效率的組織才是長期經濟成長的關鍵。有效率的組織才能造就有利於成長的制度與財產權，並且在條件改變時順利促成制度的變動。

　　相對於荷蘭與英國的成功，法國與西班牙的失敗顯示，健全的財產權制度得來不易。由於集體行動會遭遇組織方面的困難，私人或自願團體所能達成的制度改變有一定的侷限。因此，政府的強制力量在調和公

私利益差距上發揮了功能。但當政府力量未受節制時，往往成為破壞財產權的主因。此分析不但解釋了 17、18 世紀歐洲國家經濟的消長，也指出了後來政治發展的歷史根源。

參、政府理論

隨著對歷史更深入的探索，North 更感到歷史研究的任務，不僅是評估過去經濟活動的成就，也要解釋造成那些成就的經濟結構是如何形成。1981 年，North 在《經濟史的結構與變遷》（*The Structure and Change in Economic History*）一書中建構了一套解釋歷史的制度理論。他指出，分析歷史的一般性架構應該具備多種理論互相配合，包括人口變動理論、知識成長理論，以及制度理論。他所提出的制度架構，除了包括財產權及經濟組織之外，還考慮了政府理論及意識形態的影響。

政府在歷史上所扮演的矛盾角色，正如他所指出「政府之存在對經濟成長是必要的，然而政府又是人為造成經濟衰敗的來源」，因此，分析政府行為及其所受的限制是了解財產權如何形成的必要步驟。在他的模型中，政府是以擴大其掌握的資源為目的，建立和執行財產權是它的行動工具。政府的作法受限於交易成本和來自內外的競爭，例如統治者與代理人（官僚集團）的監督、測定與徵收稅金的成本等等，而政府為了安撫其競爭者和方便收稅考量，可能選擇維持對其有利、對社會而言卻效率低落的制度。因此，如何建立能促成政府與人民合作、或產生限制政府破壞能力的機能，乃是近代產生成功制度的關鍵。

肆、制度與歷史

　　1990 年，North 在《制度、制度變遷與經濟成就》（*Institution, Institutional Change and Economic Performance*）一書中更深入制度的本質及制度變遷的特性，他指出制度結構分為正式限制（formal rules）、非正式限制（informal constraints）與執行（enforcement），各自受不同的程序所決定。決定制度的程序是要限制人類的行為，以降低不確定性和促成合作。在這樣的制度結構下，改變正式限制的外力往往不能立即調整非正式限制，而執行的優劣又取決於組織結構和誘因，所以制度變動中的常與變，以及變的效果皆有脈絡可循。

　　由於制度改變時，組織行為和訊息學習的互動往往會左右演變的程序，以致於有些事件的影響會形成自我加強的效果，使制度改變的過程受制於特定的路徑。這種路徑相依（path dependence）性質在制度變動的觀點之下，更能清楚地解釋歷史過程的關鍵和轉捩點，以及說明歷史背景的重要。

第三章 西方國家的分析實例

壹、鐵路、奴隸制度與美國經濟

鐵路是 19 世紀後期美國經濟成長過程中最重要的創新，此一主張向為學界所普遍接受。然而，Fogel 在 1962 年發表的 A Quantitative Approach to the Study of Railroads in American Economic Growth 一文中，利用「反事實推論」的研究方法，對前述看法提出質疑。為了說明 1890 年鐵路對美國經濟成長的影響程度，Fogel 以運河作為鐵路的替代選項，對鐵路運輸所造成的「社會節省（social saving）」進行估計，結果發現只占了 1890 年美國國民所得 1%的比例，顯然鐵路的興建並非 19 世紀後期美國經濟成長的主因。

1974 年，Fogel 又對美國奴隸制度提出了極具爭議性的看法。在他與 Stanley Engerman 合著的 *Time on the Cross* 一書中，將奴隸假設為一種投資工具，以估算出的生產力資料說明奴隸農耕的經濟效率並不比自由農耕差；在所得分配方面，他們發現奴隸所獲得的物質條件並不遜於自由工人，一般所謂的剝削也並不明顯。

此一看法遭受許多批評與質疑，但 Fogel 持續舉出更多資料論證指出，將經濟問題與政治、道德牽扯在一起，並不能幫助我們了解事實。就社會、政治及意識形態的層面來看，奴隸制度是非常落後的，但在技術和生產層面卻很有經濟效率。是以，Fogel 認為美國歷史上打倒奴隸制度的是意識形態與政治的力量，而非經濟的力量。（劉瑞華，1994）

貳、工業革命再認識

現代的經濟史學者普遍認為,工業革命是人類歷史的分水嶺。大多數文獻亦把工業革命歸因於技術上的重大發明,例如瓦特蒸汽機、阿克賴特(Arkwright)水力架或克隆普頓紡織機(Crompton's mule)。然而,從技術發明到商業運用,常常是一段漫長而複雜的過程,單靠新知識或技術的開發,不必然造成人類生活的躍進。舉例而言,瓦特蒸汽機發明於 18 世紀,但將其運用到水力運輸卻是 19 世紀初的事。

North 在 1981 年《經濟史的結構與變遷》一書中,為工業革命的歷史意義做了另一番詮釋。他認為,工業革命期間一連串的技術變動,並非是自發且不須代價的。在缺乏財產權保護的情形下,創新可能被人以極低的成本模仿,致使發明者得不到任何報酬,而這也是技術變動在過去歷史上進行得相當緩慢甚至不連續的主因。直到 1624 年英國制訂「獨占條例」(Statute of Monopolies),才開始了專利制度的建立和執行,技術創新逐漸受到有系統的鼓勵與保護。

那麼,是什麼原因推動了工業革命期間的技術變動呢?答案是市場。市場規模的擴大,使人們必須建立一套更明確的制度來約束企業家。市場需求的擴張,也使經濟組織發生變化,「分包制」取代手工製造業,對工人的監督逐漸轉為對品質的管控,於是產生了對自動化機器的需求。

延續 North 在「經濟史的結構與變遷」及「制度、制度變遷與經濟成就」所提出的分析架構,以下就我國對中國大陸投資政策之演變作一探究。

第四章　我國對中國大陸投資之發展與演變

　　我國對中國大陸投資的階段分期，有 3 類較為常見的分法，第 1 類以 1993 年「臺灣地區與大陸地區人民關係條例」（以下簡稱兩岸人民關係條例）公布施行為分水嶺，第 2 類以臺商赴中國大陸投資之企業規模作階段性區分，第 3 類以經濟部 1993、1997 及 2002 年開放臺商補辦許可為分界（陳麗瑛，2004）。為觀察制度變遷與投資行為之演進，且統計數據較為完整，本文以第 3 類分法為主，並輔以政黨有重大轉折的年份，作為分界基準。

壹、第 1 階段：投資萌芽期（1993 年以前）

　　中國大陸於 1983 年 4 月頒布「關於臺灣同胞到經濟特區投資的特別優惠辦法」，開放 4 個經濟特區、14 個經濟開放城市，並提供臺商稅捐減免、30%產品內銷、土地使用費減免等投資優惠，係兩岸對於投資行為最早的明文規範。惟我國當時仍處於動員戡亂時期，依法任何人均不得前往中國大陸投資，故此措施並未促成實際上的投資活動。

　　直到 1987 年我國開放民眾赴中國大陸探親，許多廠商藉觀光或探親之便，在中國大陸進行商務考察及洽談投資設廠事宜，中國方面於是在 1988 年 7 月進一步公布「關於鼓勵臺灣同胞投資的規定」、1989 年 3 月起給予臺商在沿海地區的土地經營權，及對公司股票、債券、不動

產的購買權，中小企業赴中國大陸投資的熱潮順勢而起。同年 6 月雖有天安門事件爆發，臺商對中國大陸的投資活動卻在 3 個月後迅速恢復，以小規模、勞動密集產業的型態湧入中國（臺灣經濟研究院，2005）。

　　相較於中國方面賦予臺商投資的權利規範，我國直到 1990 年方由經濟部公告「對大陸地區從事間接投資或技術合作管理辦法」（詳附錄 2-1），規定赴大陸地區投資須於第三地區先設立公司或事業始得為之，造成小型企業或以個人名義投資受限。惟以法律位階而言，此規範係屬行政命令，並無法源依據，無法就「人」之權利義務加以約制（翁玉娟，2000），加以當時新臺幣升值、土地價格狂飆、勞動與環保意識抬頭，國內傳統產業的經營環境愈形困難，急欲向外尋求要素價格更為低廉的生產基地，使臺商赴中國大陸投資的總金額快速增加，此時投資案件的平均規模在 100 萬美元以下，仍屬小規模投資（詳表 2-1）。

表 2-1　我國對中國大陸投資統計

	件數	金額（億美元）	平均規模（萬美元）	年增率（％）	占我對外投資比重（％）
1991	237	1.74	73.5	-	9.52
1992	264	2.47	93.6	41.82	21.78
1993*	9,329	31.68	34.0	1,182.80	40.71
1994	934	9.62	103.0	-69.63	37.31
1995	490	10.93	223.0	13.56	44.61
1996	383	12.29	321.0	12.49	36.21
1997*	8,725	43.34	49.7	252.60	35.82
1998	1,284	20.35	158.5	-53.06	31.55
1999	488	12.53	256.7	-38.43	27.71
2000	840	26.07	310.4	108.11	33.93

2001	1,186	27.84	234.8	6.79	38.80
2002*	3,116	67.23	215.8	141.48	53.38
2003*	3,875	76.99	198.7	14.51	53.66
2004	2,004	69.40	346.3	-9.85	67.03
2005	1,297	60.07	463.1	-13.45	71.05
2006	1,090	76.42	701.1	27.22	63.91
2007	996	99.71	1,001.1	30.46	60.65
2008*	643	106.91	1,662.7	7.23	70.53

註：*為依據 1993、1997 及 2002 年修正「兩岸人民關係條例」規定，
　　含補辦許可之統計。
資料來源：經濟部投資審議委員會，本研究整理。

貳、第 2 階段：投資成長期（1993~1997 年）

　　隨兩岸經貿接觸日益頻繁，貿易及投資糾紛不斷產生，又礙於兩岸之間的特殊關係，廠商權益無法獲得充分保障，政治與經濟上的風險亦不容小覷。1991 年 5 月，國民大會通過廢止「動員戡亂時期臨時條款」，同年 1 月成立的行政院大陸委員會即開始草擬「臺灣地區與大陸地區人民關係條例」[1]，並於 1992 年 7 月經立法院三讀通過。其中，第 35 條明訂對大陸地區從事投資或技術合作之主管機關、審查基本原則、產業別開放程度之分類及投資規模級距，是為規範赴中國大陸投資的正式法源依據。

---

[1] 「臺灣地區與大陸地區人民關係條例」全文請參見「全國法規資料庫」https://law.moj.
gov.tw/LawClass/LawAll.aspx?PCode=Q0010001

　　1993 年 3 月，經濟部依據該條例訂定「在大陸地區從事投資或技術合作審查原則」[2] 及「在大陸地區從事投資或技術合作許可辦法」[3]，首次以「正面表列」方式准許部分製造業產品項目赴中國大陸投資。同年 4 月公布「臺灣地區與大陸地區貿易許可辦法」，採取「管進不管出」的間接轉口貿易政策，許多產品取道香港出口至中國大陸。法律明文規範的出現，降低了廠商決策的不確定性，此時赴中國大陸投資金額及平均規模均呈現穩定成長，總投資金額約占我國整體對外投資 3 至 4 成左右（詳表 2-1）；對中國大陸（含香港）的出口金額亦持續增加，占我國總出口比重自 1993 年起突破兩成，至 1997 年均呈現穩定成長的態勢（詳表 2-2）。

　　若以出口結構觀之，我對中國大陸（含香港）出口以中間產品及機械設備為大宗，其中機械設備占比在 1993~1995 年間達 20% 以上，此後呈緩降趨勢（詳表 2-3）；若以出口產業結構觀之，這 3 年間亦以機械設備製造業比重最高，電子零組件製造業次之（詳表 2-4），此應與臺商赴中國大陸投資，初期仍傾向自本國購入上游設備及零組件，在中國大陸製造完成，最終以外銷為主有關。

---

[2] 「在大陸地區從事投資或技術合作審查原則」全文請參見「經濟部主管法規查詢系統」
https://law.moea.gov.tw/LawContent.aspx?id=GL000881#lawmenu

[3] 「在大陸地區從事投資或技術合作許可辦法」全文請參見「全國法規資料庫」
https://law.moj.gov.tw/LawClass/LawAll.aspx?pcode=Q0040001

表 2-2　我國對中國大陸、香港及美國出口統計

單位：億美元；%

	對中國大陸（含香港）						對美國	
	對中國大陸		對香港		總計			
	金額	占比	金額	占比	金額	占比	金額	占比
1991	0	0.00	124.31	16.24	124.31	16.24	223.21	29.15
1992	0.01	0.00	154.15	18.77	154.16	18.77	235.72	28.70
1993	0.16	0.02	184.53	21.47	184.69	21.49	235.87	27.44
1994	1.32	0.14	212.62	22.85	213.94	22.99	243.37	26.15
1995	3.77	0.34	261.06	23.38	264.83	23.72	264.07	23.65
1996	6.23	0.54	267.88	23.10	274.11	23.64	268.66	23.17
1997	6.26	0.51	286.88	23.50	293.14	24.01	295.52	24.21
1998	9.15	0.81	253.98	22.56	263.13	23.37	299.59	26.61
1999	26.02	2.10	268.25	21.68	294.27	23.78	313.39	25.33
2000	43.91	2.89	327.42	21.55	371.33	24.44	355.88	23.42
2001	48.95	3.88	287.13	22.73	336.08	26.61	281.36	22.27
2002	105.27	7.78	329.60	24.36	434.87	32.14	273.65	20.22
2003	228.91	15.20	308.68	20.50	537.59	35.70	265.54	17.63
2004	363.49	19.93	328.96	18.04	692.45	37.97	287.51	15.77
2005	436.44	21.99	340.36	17.15	776.80	39.15	291.14	14.67
2006	518.09	23.13	373.81	16.69	891.90	39.81	323.61	14.45
2007	624.17	25.30	379.80	15.40	1,003.97	40.70	320.77	13.00
2008	668.84	26.16	326.90	12.79	995.74	38.95	307.91	12.05

資料來源：財政部「海關進出口貿易統計」，本研究整理。

表 2-3　我國對中國大陸（含香港）主要產品之出口結構

單位：%

	中間產品		機械設備	耐久性消費財	非耐久性消費財
	A 類	B 類			
1992	75.02	8.66	0.00	0.04	5.62
1993	6.27	45.50	36.31	2.27	8.39
1994	27.10	42.24	22.39	0.68	6.94
1995	29.86	42.50	20.81	0.47	5.79
1996	34.36	41.22	15.57	1.15	6.48
1997	30.47	48.97	14.05	1.42	4.20
1998	27.57	56.03	10.65	0.94	3.65
1999	38.57	44.92	12.26	0.46	2.83
2000	44.52	39.27	11.31	0.63	2.21
2001	45.21	35.41	14.28	2.11	2.39
2002	35.68	37.13	17.13	7.51	2.23
2003	32.74	45.82	16.39	2.25	2.16
2004	31.03	50.80	14.50	1.61	1.73
2005	32.88	49.88	13.68	1.52	1.65
2006	30.73	52.61	13.26	1.36	1.63
2007	31.35	52.05	11.20	3.49	1.52
2008	28.49	56.55	9.69	3.35	1.40

註：1.中間產品 A 類：需加工方能直接供消費財或生產財投入使用之中間產品。

　　2.中間產品 B 類：不需加工即能直接供消費財或生產財投入使用之中間產品。

資料來源：臺灣經濟研究院計算自中國進口貿易磁帶，本研究整理。

表 2-4　主要產業對中國大陸（含香港）出口比重

單位：%

	電腦、電子產品及光學製品	電子零組件	機械設備	紡織	食品
1992	0.00	0.00	0.00	0.00	10.66
1993	3.46	30.52	34.89	5.15	0.11
1994	2.72	3.31	21.52	14.71	0.34
1995	6.98	15.11	20.04	8.33	0.05
1996	3.93	18.89	14.92	6.25	0.28
1997	4.99	25.06	11.56	6.95	0.18
1998	5.20	32.87	5.92	6.51	0.16
1999	3.97	26.78	6.96	4.87	0.09
2000	3.10	23.38	7.44	4.37	0.06
2001	4.77	23.73	8.31	4.31	0.08
2002	9.23	30.78	9.13	3.70	0.07
2003	5.79	34.41	9.67	4.75	0.10
2004	5.13	38.58	8.63	4.33	0.13
2005	4.19	39.18	7.58	4.08	0.22
2006	3.07	42.23	7.32	4.09	0.23
2007	2.84	43.73	6.91	3.59	0.18
2008	2.97	46.07	5.74	3.13	0.19

資料來源：臺灣經濟研究院計算自中國進口貿易磁帶，本研究整理。

參、第 3 階段：投資調整期（1997~2002 年）

　　自 1993 年法令准許部分製造業產品項目赴中國大陸投資以來，我國對中國大陸的投資與出口結構，逐漸從勞力密集的傳統產業轉向資本、技術密集型產業，投資與貿易規模也不斷擴大，1995 年起甚至與美國並駕齊驅為我國兩大出口市場（表 2-2）。1996 年電腦、電子產品及光學製品製造業對中國大陸投資的金額，首次超越了食品、紡織等傳統民生工業，成為廠商赴中國大陸投資的主要項目，此後金額亦逐年增加，直到 2001 年才被電子零組件製造業取代（表 2-5）。投資主流轉為資訊電子業的結果，帶動了對上游零組件的需求，自 1996 年起，電子零組件製造業取代機械設備製造業，成為我國對中國大陸（含香港）的出口主力（表 2-4）。

表 2-5　製造業主要項目對中國大陸投資統計

單位：億美元；%

	電腦、電子產品及光學製品		電子零組件		紡織		食品	
	金額	占比	金額	占比	金額	占比	金額	占比
1991	0.14	8.00	0.05	2.87	0.22	12.35	0.19	11.03
1992	0.12	4.56	0.02	0.62	0.22	8.92	0.41	16.94
1993*	1.41	4.44	1.11	3.49	1.41	4.44	2.77	8.74
1994	0.48	5.02	0.41	4.24	0.39	4.02	1.00	10.37
1995	0.55	5.05	1.02	9.32	0.59	5.39	1.09	9.98
1996	1.15	9.36	0.88	7.19	0.87	7.11	0.87	7.07
1997*	3.13	7.24	2.84	6.54	1.80	4.14	2.70	6.22

1998	3.42	16.79	2.81	13.83	1.23	6.05	0.65	3.20
1999	2.72	21.67	1.54	12.29	0.30	2.36	0.53	4.19
2000	6.99	26.80	4.12	15.82	0.41	1.56	0.32	1.24
2001	4.93	17.71	6.01	21.57	0.37	1.35	0.42	1.52
2002*	10.63	15.81	10.88	16.18	1.44	2.15	1.15	1.72
2003*	9.76	12.68	8.16	10.60	3.42	4.44	2.96	3.85
2004	11.40	16.42	14.82	21.36	1.50	2.16	0.71	1.03
2005	12.43	20.70	8.50	14.15	1.48	2.47	0.47	0.78
2006	14.72	19.26	16.19	21.18	1.10	1.44	0.72	0.94
2007	16.88	16.93	24.26	24.33	1.03	1.04	0.64	0.60
2008*	17.83	16.68	20.52	19.19	1.03	0.97	1.89	1.77

註：*為因應 1993、1997 及 2002 年「兩岸人民關係條例」修正，開放
　　補辦許可之年度。

資料來源：經濟部投資審議委員會。

　　1995 年 6 月至 1996 年 3 月間，中國方面因李登輝總統訪美及發表
「特殊兩國論」，採取「文攻武嚇」的政治與軍事手段，舉行三次導彈
試射及軍事演習，兩岸政經風險升高，我國對中國大陸的經貿政策遂轉
向「戒急用忍」。同時，為降低整體經濟對中國大陸的依賴程度，政府
也提出「暫緩西進（中國大陸）、推動南向（東南亞），臺灣優先」的
投資策略，1997 年 5 月更修正兩岸關係條例第 35 條，將原本「正面表
列」准許部分產品項目赴中國大陸投資的條文內容，修正為「非經主管
機關許可，不得在大陸地區從事投資或技術合作，或與大陸地區人民、
法人、團體或其他機構從事商業行為」。

　　配合兩岸關係條例的修正，經濟部也在 1997 年 7 月 15 日公告「在
大陸地區從事投資及技術合作審查原則」修正條文，重點如下：

1. 將產業區分為禁止類、准許類及專案審查等三類，並重新檢討禁止類項目，禁止對中國大陸投資金額龐大、回收期長之重大基礎建設。

2. 採累退方式（淨值之 40%、30%、20%），依企業規模大小，訂定個別廠商對中國大陸投資金額上限。

3. 設定個案投資金額最高不得超過 5,000 萬美元之上限，避免對中國大陸投資大型化。

4. 專案審查項目依產業特性（國際競爭力比較、對上下游產業關聯效果、產業之資本密集度、產業之技術密集度、產品特性 ）及個案特性（國內相對投資情形、對大陸投資占海外投資之比例、財務結構、資金來源、汰舊換新、企業規模 ）予以評分。

　　對中國大陸投資政策的緊縮，理應導致廠商另尋投資地點。然而，東南亞投資環境的不確定因素也在此時浮現。1997 年下半年爆發「亞洲金融風暴」，東南亞主要國家受到嚴重衝擊。中國大陸雖未受到直接影響，惟自中國官方公布的統計資料可以發現，臺商投資的實際金額自 1997 年起逐年下降，直到 2001 年開放筆記型電腦等項目赴中國大陸投資後方始回升（詳表 2-6）。反觀我國對東南亞主要國家之投資，除印尼、馬來西亞及菲律賓在亞洲金融風暴後金額逐年下降外，泰國及越南在 1998 年立即回復到亞洲金融風暴前之水準（詳表 2-7），顯示此階段兩岸經貿的緊縮政策對廠商行為仍有一定的約束效果 [4]，赴中國大陸投

---

[4] 1997、1998 年投審會核准赴中國大陸投資金額（不含補辦）仍維持成長，至 1999 年方跌至 12.53 億美元，與中國官方公布的臺商投資金額趨勢不符。考量臺商在此時期或有規避法令之情形，本文觀察投資設廠所需的機械設備對中國大陸（含香港）之出口，1997 年呈現微幅下降，1998 年以後逐漸回升；機械設備製造業在 1997 及 1998 年對中國大陸（含香港）之出口則連續下滑，1999 年後逐步回溫，故推測此時期我國對中國大陸投資減少的可能性較高。

資占我國整體對外投資比例降至 3 成上下，1999 年續降至 27.71%（表 2-1）。

　　對中國大陸投資的減少，也讓投資所帶動的上游機械設備需求降低，1998 年我國對中國大陸（含香港）出口衰退 10.24%，機械設備占比降至 10.65%（表 2-3），機械設備製造業占比亦遽降至 5.92%，唯電子零組件製造業對中國大陸出口仍持續增加（表 2-4），應與資訊電子相關產業仍需從本國進口當地無法生產的上游零組件有關。

表 2-6　中國大陸公布之臺商投資統計

	項目數	協議金額（億美元）	實際金額（億美元）
1991	3,884	35.37	11.05
1992	6,430	55.43	10.50
1993	10,948	99.65	31.39
1994	6,247	53.95	33.91
1995	4,778	57.77	31.62
1996	3,184	51.41	34.75
1997	3,014	28.14	32.89
1998	2,970	29.82	29.15
1999	2,499	33.74	25.99
2000	3,108	40.42	22.96
2001	4,214	69.14	29.79
2002	4,853	67.41	39.71
2003	4,495	86.00	34.00
2004	4,002	93.06	31.17
2005	-	103.60	21.50
2006	-	-	21.40
2007	-	-	17.70
2008	-	-	19.00

資料來源：中國商務部

表 2-7　我國對東南亞主要國家投資金額

單位：億美元

	印尼	馬來西亞	菲律賓	泰國	越南
1991	1.60	4.42	0.01	0.86	0.17
1992	0.40	1.56	0.01	0.83	0.20
1993	0.26	0.65	0.07	1.09	1.58
1994	0.21	1.01	0.10	0.57	1.08
1995	0.32	0.67	0.36	0.51	1.08
1996	0.83	0.94	0.74	0.71	1.00
1997	0.56	0.85	1.27	0.58	0.85
1998	0.20	0.20	0.39	1.31	1.10
1999	0.07	0.14	0.29	1.13	0.35
2000	0.34	0.19	0.13	0.50	0.54
2001	0.06	0.46	0.46	0.16	0.91
2002	0.09	0.32	0.82	0.06	0.55
2003	0.13	0.50	0.02	0.49	1.57
2004	0.02	0.35	0.02	0.09	0.95
2005	0.09	0.28	0.15	0.20	0.94
2006	0.09	0.31	0.13	0.82	1.24
2007	0.01	0.65	0.13	7.12	1.09
2008	0.03	0.28	0.03	0.09	6.39

資料來源：經濟部投資審議委員會

肆、第 4 階段：投資新熱潮期（2002~2008 年）

　　1997 年開始的「戒急用忍」政策，歷經 2000 年政黨輪替，直到 2001 年美國網路科技泡沫破滅及遭受 911 恐怖攻擊，全球資訊網路設備

的需求跌落谷底，進而拖累半導體市場，臺灣的資訊電子業遭受前所未有的打擊。其中，電子零組件製造業產值大幅衰退 23.4%，電腦、電子產品及光學製品製造業產值衰退 6.83%；國內投資因高度集中於資訊電子業，當年亦大幅衰退 19.91%，全年經濟負成長 1.4%。

　　此時的中國大陸，土地與勞動成本雖已開始上升，惟仍較其他國家相對為低；人均所得的提高，也使其內需市場不斷擴大。對臺商而言，中國大陸已從「世界的工廠」轉變為「世界的市場」。根據 2000 年經濟部統計處「製造業對外投資調查報告」，調查廠商赴中國大陸投資之動機，認為「廉價充沛勞工」係非常重要原因的比例最高（54.61%），其次為市場潛力，高達 41.35%。2004 年的同項調查中，市場潛力已超越廉價充沛勞工，達 65.34%。此外，中國大陸的內需商機也吸引服務業進場布局，2001 年起批發及零售業赴中國大陸投資金額突破 1 億美元且持續成長，係我國服務業對中國大陸投資金額及成長率最高的項目（詳表 2-8）。

表 2-8　服務業主要項目對中國大陸投資統計

單位：億美元

	批發及零售業	資訊及通訊傳播業	金融及保險業	專業、科學及技術服務業
1991	0.00	0.00	0.00	0.00
1992	0.00	0.00	0.00	0.00
1993*	0.71	0.03	0.02	0.08
1994	0.21	0.03	0.00	0.03
1995	0.56	0.01	0.00	0.02
1996	0.30	0.11	0.12	0.03
1997*	1.25	0.05	0.63	0.08

1998	0.85	0.10	0.01	0.21
1999	0.20	0.07	0.18	0.02
2000	0.58	0.53	0.00	0.08
2001	1.17	0.55	0.03	0.07
2002*	1.47	0.88	0.72	0.43
2003*	1.75	0.65	0.83	0.19
2004	1.83	0.51	0.70	0.48
2005	2.74	1.06	0.35	0.26
2006	3.13	0.81	0.84	1.24
2007	4.12	1.51	1.18	0.58
2008*	4.99	3.24	2.56	2.24

註：＊為因應 1993、1997 及 2002 年「兩岸人民關係條例」修正，開放
　　補辦許可之年度。
資料來源：經濟部投資審議委員會。

　　美國市場的衰落，加上中國大陸即將加入世界貿易組織
（WTO），讓受創嚴重的臺灣資訊電子業更加關注這塊新興市場。此
時，改變現行制度以爭取中國大陸的內需商機，顯得相對有利。2001
年 8 月，「經濟發展會議」將對中國大陸投資政策由「戒急用忍」改為
「積極開放，有效管理」，經濟部爰於 11 月 20 日修正發布「在大陸地
區從事投資或技術合作審查原則」，重點如下：

1. 對大陸投資項目改採負面表列，由經濟部成立由產、官、學專
　　案小組，每年定期檢討。
2. 檢討赴大陸投資金額上限規定，「個人及中小企業」由新臺幣
　　6,000 萬元，放寬至新臺幣 8,000 萬元，改採企業淨值或合併淨
　　值計算其對大陸投資累計金額上限。

3. 取消個案投資金額不得逾 5,000 萬美元規定，並以個案累計投資
   金額 2,000 萬美元為標準，分別適用簡易審查或專案審查 2 種程
   序。
4. 建立大陸投資動態調節機制，經濟部每年定期或視需要邀集陸
   委會、中央銀行等部會首長參酌「國內超額儲蓄率」、「赴大
   陸投資占 GDP 之比重」、「赴大陸投資占國內投資之比重」、
   「赴大陸投資占整體對外投資之比重」、「赴大陸投資廠商資
   金回流情形」、「外匯存底變動情形」、「兩岸關係之狀
   況」、「國內就業情形」、「其他影響總體經濟之因素」等因
   素，調整個案累計投資金額上限及個別企業累計投資金額比例
   上限。

同時，行政院核定「戒急用忍」後第 1 批鬆綁項目清單，准許筆記
型電腦、手機、數位光碟機等資訊電子產品赴中國大陸投資。

隨後在 2002 年，「兩岸人民關係條例」第 35 條大幅修正，雖維持
原負面表列之條文內容，卻明確賦予主管機關（經濟部）會商有關機關
訂定開放項目清單及個案審查原則的權力。同年 7 月，審查原則配合修
正，除開放對中國大陸直接投資外，將「禁止類」、「許可類」及「專
案審查類」簡化為「禁止類」及「一般類」。此後陸續開放機械、石
化、醫藥等產品赴中國大陸投資，迄今僅剩國際公約所禁止、涉及國防
或基礎建設等項目尚在禁止之列。

此外，「臺灣地區與大陸地區貿易許可辦法」也在同年修正，取消
兩岸貿易之買賣方須為第三地區業者的規定，開放兩岸貿易商直接交
易，我國對中國大陸（不含香港）的出口遂開始大幅成長，至 2004 年
終於超越香港與美國，成為我國最大的出口市場（表 2-2）。

值得注意的是，同期間「南向政策」雖從未間斷，政府甚至提供

「南向」廠商融資優惠及輸出保險（劉國奮，2008），然「西進」中國大陸仍是最多廠商的投資選擇。在我國對其他地區投資衰退 13.5%的狀況下，唯有對中國大陸投資逆勢成長 6.79%，其中電子零組件製造業即大幅成長 45.64%，投資金額超越電腦、電子產品及光學製品製造業，成為對中國大陸投資最大宗的項目。投資基地轉移的結果，使 2002 及 2003 年國內投資僅緩步成長 1.07%及 1.72%，直到 2004 年全球景氣強勁復甦，光電、半導體廠商積極擴建新廠，加上高鐵、六輕等重大投資案進行，國內投資方大幅成長 19.46%（詳表 2-9）。

表 2-9　歷年我國國內投資、對外投資及對中國大陸投資成長率

單位：%

	固定資本形成毛額	對外投資	對中國大陸投資
1991	9.32	6.69	-
1992	18.66	-46.42	41.82
1993*	11.91	87.20	1,182.80
1994	7.87	-2.66	-69.63
1995	7.68	-16.07	13.56
1996	1.80	59.59	12.49
1997*	10.85	33.64	252.60
1998	8.94	13.91	-53.06
1999	2.94	-0.83	-38.43
2000	9.02	55.31	108.11
2001	-19.91	-13.50	6.79
2002*	1.07	-23.26	141.48
2003*	1.72	17.76	14.51
2004	19.46	-14.78	-9.85

2005	1.19	-27.63	-13.45
2006	0.87	76.32	27.22
2007	1.90	49.93	30.46
2008*	-10.61	-30.97	7.23

註：*為依據 1993、1997 及 2002 年「兩岸人民關係條例」修正，開放
　　補辦許可之年度。

資料來源：行政院主計處、經濟部投資審議委員會

　　2004 年起，中國方面為了抑制其經濟發展過熱及投資過度，開始
緊縮資金，進行「宏觀調控」。加以中國大陸自 2001 年加入 WTO 以
來，人民幣面臨強烈的升值壓力，大陸人民銀行於 2005 年 7 月宣布調
整人民幣對美元匯率，並解除釘住單一美元的固定匯率制度，使人民幣
驟升 2.1%（臺灣經濟研究院，2008），對外銷導向的大陸臺商造成嚴重
衝擊，赴中國大陸投資金額分別衰退 9.85%及 13.45%，中國官方公布的
臺商投資實際金額亦衰退 8.32%及 31.02%。然人民幣的走升，也降低了
臺商進口原物料及零組件的成本，我國對中國大陸的出口仍持續增加。

　　2007 年 6 月，中國政府為了提升其出口產品結構，抑制低附加價
值、低技術含量的產品出口，開始逐步調降及取消出口退稅制度，對部
分赴中國大陸投資已久、趨向在當地採購原料再加工出口，且利潤率較
低的傳統產業（如紡織、鞋類、家具等）衝擊甚鉅。然而，此項措施也
造成中國大陸本身的出口受創，中國政府遂在 2008 年初修正政策內
容，將符合「高附加價值」或含有「科技性」概念的廠商，以及屬中小
型、提供大量就業機會及無污染的臺資傳統企業排除在調控名單外。此
外，2008 年 1 月 1 日起實施的「勞動合同法」，雖強化了中國大陸勞工
權益的維護，卻也增加了企業的勞動成本，其中尤以勞動密集型產業衝

擊最大。

　　從中國官方公布的臺商投資統計可以看出，在這一連串的降溫及結構調整措施之下，投資金額大體呈現下滑的趨勢。我國核准赴中國大陸投資統計則顯示，自 2004 年中國方面實施宏觀調控以來，食品、紡織等傳統產業投資金額較 2003 年近乎腰斬（表 2-5），惟資訊電子相關產業影響幅度不大，上游零組件對中國大陸的出口亦持續擴張。

　　此外，為解決加入 WTO 後投資領域開放所引發的稅制問題，中國政府自 2008 年 1 月 1 日起，正式實施新的企業所得稅制度，統一規定企業所得稅率為 25%，經認定為「高新技術企業」者可享 15%的優惠稅率。此措施雖對原本就享有租稅優惠的資訊電子產業影響不大，但對金融保險、批發零售等服務業而言，所得稅率由原本的 33%降至 25%，確有激勵投資意願的效果，經核准赴中國大陸投資金額較 2007 年大幅增加（表 2-8）。

伍、第 5 階段：2008 年的鬆綁再開放

　　2008 年 5 月政黨再度輪替，兩岸重啟海基會與海協會的協商管道，6 月在北京舉行「第 1 次江陳會談」，就兩岸包機直航、大陸觀光客來臺等議題達成共識。11 月，「第 2 次江陳會談」在臺灣簽署兩岸空運、海運、郵政及食品安全等 4 項協議。2009 年 4 月，「第 3 次江陳會談」在南京簽署定期航班、共同打擊犯罪及司法互助、金融合作等 3 項協議，逐漸建立起正式的談判協商機制。

　　此時的兩岸經貿政策，有幾個制度面的重大突破（經建會，2009），例如：

一、調整放寬兩岸證券投資方案

行政院於 2008 年 6 月 26 日通過放寬兩岸金融往來之相關措施，包括開放赴大陸投資證券期貨業、放寬基金投資涉陸股之海外投資限制等。其中，投資港澳 H 股與紅籌股 10%的限制，於 7 月 3 日放寬改為不設限，而投資大陸掛牌上市有價證券比率也由原本的 0.4%放寬為10%。

二、放寬對大陸投資金額上限

行政院於 2008 年 7 月 17 日通過「大陸投資金額上限鬆綁及審查便捷化方案」，放寬廠商赴大陸地區投資金額之原則，如：個人放寬為每人每年 500 萬美元；中小企業及非中小企業調高為依淨值或合併淨值60%為上限。

此外，亦大幅放寬登陸審查原則，開放 11 項禁止類項目，包括農業 2 項、製造業 4 項、服務業 3 中類（銀行業、第二類電信事業、IC 設計）、基礎建設 2 項；調整晶圓、TFT-LCD 面板項目之禁止範圍，以及不動產業投資審查原則。對中國大陸投資金額 100 萬美元以下之申請案，可於投資實行後 6 個月內申報；個案累計金額逾 5,000 萬美元者，始進行專案審查。

三、鬆綁海外企業來臺上市及適度開放陸資投資國內股市

行政院於 2008 年 7 月 31 日通過「海外企業來臺上市鬆綁及適度開放陸資投資國內股市方案」，取消第一上市（櫃）原資格限制有關大陸

投資超過淨值特定比例，及第二上市（櫃）原資格限制有關陸資持股超過 20%或為主要影響力之股東者，不得來臺上市之限制；取消外國發行人在臺募集資金不得用於直接或間接赴大陸地區投資之限制。

四、中國大陸宣布多項對臺開放措施

中國大陸國務院臺灣事務辦公室於 2008 年 9 月 7 日宣布多項對臺開放措施，包括：開放大陸 13 個省市居民赴金馬、澎湖旅遊者，並可經當地轉往臺灣旅遊；開放持有效往來臺灣通行證及簽註之大陸居民可經由金馬、澎湖往來大陸與臺灣本島。

五、開放中國大陸 QDII 來臺投資

行政院於 2008 年 12 月 4 日通過「大陸地區投資人來臺從事證券投資及期貨交易管理辦法」，開放中國大陸地區合格境內機構投資者（QDII）來臺從事證券投資與期貨交易，並明確規範數項陸資行使股權的限制，包括不得當選為董事及監察人等。

六、搭橋專案

2008 年 12 月經濟部啟動「搭橋專案」，建構「兩岸產業合作平臺」，期藉由研發、生產及行銷的互補與合作，加強兩岸產業整合，並藉此吸引跨國企業加入。

七、中國大陸國臺辦宣布 10 項措施

2008 年 12 月 21 日中國大陸國臺辦宣布包括：支持大陸的臺資企業發展、加強臺資企業融資服務、支持及協助大陸臺資企業轉型升級等在內的 10 項政策措施，其中以提供 1,300 億人民幣（新臺幣逾 6,000 億元）融資貸款、對臺採購 20 億美元面板最受矚目。

此外，為加強臺資企業融資服務，由中國工商銀行、中國銀行在 2-3 年內，分別提供大陸臺資企業（含中小企業）各 500 億人民幣融資，另國家開發銀行 3 年內再追加 300 億人民幣融資。此外，由開發銀行成立擔保公司，與臺灣金融業加強合作，打通大陸臺商與臺灣母公司的信用連結，解決過去臺商在當地融資貸款不易之困境。

八、開放陸資來臺投資 [5]

2009 年 4 月 26 日第三次「江陳會談」除了簽署司法互助等三項協議，也就陸資來臺投資達成共識。2009 年 6 月 30 日政府發布「大陸地區人民來臺投資許可辦法」、「大陸地區之營利事業在臺設立分公司或辦事處許可辦法」，訂定大陸地區投資人及認定標準、投資及設立據點方式、轉投資、審查及管理、申報、查核等規範，並公布開放項目清單，開放陸資來臺進行投資。

---

[5] 其實早在 2002 年加入 WTO 後，為了履行對 WTO 開放市場之承諾，即開始規劃開放陸資企業來臺投資，例如 2002 年 1 月行政院通過「開放陸資來臺投資 58 項服務業清單」、2002 年 8 月內政部公布「中國大陸地區人民在臺取得設定或移轉不動產物權許可辦法」、2003 年 10 月陸委會修正「兩岸人民關係條例第 73 條開放陸資來臺投資許可制」等。但是，這段期間在政治上屬於兩岸關係停滯期，使得陸資企業僅能繞道其他國家(或地區)來臺投資。(戴肇洋，2009)

陸、小結

　　從臺商赴中國大陸投資數據及政府對陸投資政策的演變，可以看出，是兩岸生產、投資及貿易的需求，促成制度的建立與開放，以降低交易的不確定性。1990 年代以來，即使在政治面歷經臺海危機、第一次政黨輪替等事件，即便政府鼓勵臺商改以東南亞國家作為投資替代選項，但生產成本、市場吸引力仍是廠商決定投資行為的關鍵。在這段期間，臺商赴陸投資金額或有短期緊縮，但並未出現連續性的衰退，甚至在 2000~2008 年民進黨執政期間，促使政府陸續開放資訊電子、機械、石化等產品赴陸投資。

　　由此觀之，2008 年國民黨重回執政後對陸政策的鬆綁再開放，只是在官方層次體現兩岸經濟活動對制度化的需求，並將原本以迂迴方式存在的陸資來臺，建立明確的制度管道，降低交易成本。誠然，在政治層面，國民黨對中國大陸的態度較為友好，但若兩岸投資、生產及貿易的規模沒有達到一定水準，就未必需要創建或改動制度。

　　延續這個進程，2010 年 6 月兩會簽署「海峽兩岸經濟合作架構協議」（Cross-Straits Economic Cooperation Framework Agreement，簡稱ECFA）[6]，可謂兩岸關係制度化的高峰。這是一份規範兩岸經濟合作活動的基本協議，並針對攸關生存的產業，先進行互免關稅或優惠市場開放，這部分稱為「早期收穫（Early Harvest）清單」，後續再進行貨品貿易、服務貿易、投資保障以及爭端解決協議協商。我們可以看到，由於臺商在中國投資生產已久，對於投資權益制度化保障需求殷切，因此

---

[6]　「海峽兩岸經濟合作架構協議」文本及早收清單可參見「全國法規資料庫」https://law.moj.gov.tw/LawClass/LawAll.aspx?PCODE=Q0070022

兩岸投保協議[7]是 ECFA 簽署後第一個完成的協議（2012 年 8 月）。至於服貿、貨貿及爭端解決，進展就不如預期順利，終究在 2014 年引發太陽花學運佔領國會事件，兩岸協商自此中止。

---

[7]　「海峽兩岸投資保障和促進協議」文本請參見「全國法規資料庫」https://law.moj.gov.tw/LawClass/LawAll.aspx?PCODE=Q0070026

第五章　結論

　　制度是一個社會的遊戲規則，決定了政治與經濟活動的機會與成本。在已有的制度之下，當獲利機會不能被充分利用時，制度就面臨變革；而政治、經濟組織與制度的互動，便是造成制度變動的因素（North，1994）。

　　本文針對我國對中國大陸的投資政策，以 1993、1997 及 2002 年三次修正「兩岸人民關係條例」及重大政策轉折為分界點，試圖從制度變遷的角度，探討 1990~2008 年間兩岸經濟條件的變動、市場的轉移，以及投資、貿易結構的變化。1997 年的「戒急用忍」政策，以增加廠商決策成本的方式，加上「南向」作為替代方案，達到短期內對中國大陸投資緊縮的效果；但長期而言，當經濟條件變動（如 1997 年東南亞金融風暴、2001 年網路科技泡沫化），使鬆綁開放的投資報酬率較其他選項更高時，制度便轉而趨向開放，以促成更多的交易。2001 及 2002 年在民進黨執政期間，陸續開放資訊電子、機械、石化等產品赴陸投資，就是最好的例證。

　　2004 年起中國大陸所陸續推出的降溫及結構調整措施，使臺商赴中國大陸投資所面對的經營環境更加嚴苛。然就制度的觀點而言，經貿法令的確立及談判機制的形成，仍將降低事前搜尋、事後監督與執行成本，對促成交易是有利的。兩岸經濟活動對制度化的需求，在 2008 年國民黨重回執政後得到具現化的機會，促成 2010 年 ECFA 的誕生，並在 2012 年率先完成投資保障協議簽署。

　　一般咸認為，臺商赴陸投資政策的開放與緊縮，是一個高度政治化

的議題，取決於執政當局對中國大陸的態度。但實際上，制度變動一直
與經濟條件的變動、政治組織的運作息息相關，在這個議題中，兩岸投
資與貿易需求占有不可忽視的談判力量。換言之，單憑政治並無法決定
政策走向，如 2001-2002 年的開放赴陸投資項目；而 2014 年的太陽花
學運也告訴我們，單憑經濟，一樣無法決定。

參考文獻

1. Douglass C. North、Robert Paul Thomas，劉瑞華譯，西方世界的興起，聯經出版公司，1976 年。

2. Douglass C. North，劉瑞華譯，經濟史的結構與變遷，時報文化，1981 年。

3. Douglass C. North，劉瑞華譯，制度、制度變遷與經濟成就，時報文化，1994 年。

4. 臺灣經濟研究院，我國對中國出口結構變化與投資關係之研究，行政院經濟建設委員會委託研究計畫，2005 年。

5. 臺灣經濟研究院，亞洲區域產業競爭研究及政策規劃——兩岸經貿政策調整對我國產業的影響，經濟部工業局委託研究計畫，2008 年。

6. 臺灣經濟研究院，臺灣製造業發展情勢分析及策略規劃——製造業與相關服務業發展策略與升級指標發布研究，經濟部工業局委託研究計畫，2008 年。

7. 行政院經濟建設委員會，2008 年兩岸經貿、中國大陸及香港經濟情勢分析，2009 年。

8. 翁玉娟，大陸投資先進與後進優勢之研究——以臺商櫻花與豪山廚具為例，雲林科技大學全國經營專題研討會論文集，2000 年。

9. 陳麗瑛，臺灣對中國投資現況及影響評估，經濟情勢與評論，10 卷 4 期，2004 年。

10. 劉瑞華，新經濟史革命——介紹 R.Fogel 和 D.North 的學說，新史

　　　學，5 卷 3 期，1994 年。

11.　劉國奮，臺灣當局的七次「降溫」行動，中國網，2008 年。

12.　戴肇洋，開放陸資來臺投資利弊分析，臺灣綜合研究院，2009 年。

第三篇
我國重點產業政策的變革

第一章 緒論

　　1970 年代開始，世界各國開始重視產業政策領域，這是一條介於自由市場及高度管制之間的路線，其中又以日本產業政策的實施成效最受矚目。所謂「產業政策」，係指國家為了提升整體經濟的成長與效率，而特別促進「特定產業」的成長。因此，這個議題涉及對國家整體利益、重點發展產業的認定，也涉及國家社會資源配置的調整，包括政府預算、民間投資、人才培育及引進等，影響層面不可謂不大。

　　本篇將從臺灣經濟發展歷程開始，為產業政策的沿革做一完整回顧。臺灣為一出口導向的小型經濟體，受國際政經環境影響甚深，會形成如今以資通訊電子為主的產業結構，固然與政府政策有關，但更多是時空環境與資源條件交互作用的結果。

第二章　產業政策歷程回顧

　　我國對於特定產業發展的獎勵，始於「獎勵投資條例」（1960 年 9 月 10 日施行至 1990 年 12 月 31 日，參見附錄 3-1），歷經「促進產業升級條例」（1991 年 1 月 1 日實施至 2010 年 5 月 12 日，參見附錄 3-2），到目前的「產業創新條例」（2010 年 5 月 12 日迄今）[1]，可謂臺灣產業發展的「根本大法」，其中有關租稅優惠條文更是歷次修法的必爭重點，將左右未來數年產業資源投入的走向。

壹、戰後經濟重建階段（1945~1959）

　　1945 年臺灣光復後，政府將經濟安定與糧食生產列為施政首要目標，以「農工並重」策略，投入戰後經濟重建。一方面，政府積極利用美援促進經濟發展，並採用關稅與進口管制等措施扶植國內工業；另一方面，實施土地改革，以鼓勵糧食生產，安定糧食價格，並維持 社會安定。1953 年實施經建計畫，選定電力、肥料及紡織等三種民生必需產業作為發展重點，進行第一階段的進口替代，以降低對進口的依賴，減少外匯需求。

　　在經濟環境趨於穩定，及政府高度主導及保護下，工業部門快速發

---

[1]　「產業創新條例」全文可參見「全國法規資料庫」https://law.moj.gov.tw/LawClass/LawAll.aspx?pcode=J0040051

展，生產過剩的問題逐漸浮現。為了鼓勵業者外銷，政府在 1955 年修訂關稅法及貨物稅條例等，除提高進口關稅稅率（平均稅率約 45%）外，並對進口原料再加工出口之外銷品，退還其原料進口關稅、貨物稅等（即 Export Tax Rebate System 外銷退稅制度），首開以租稅方式鼓勵產業發展的先例。

1956 年，政府修正「所得稅法」，增列對公用事業、工礦業及重要運輸事業，在新設 3 年內免除其營利事業所得稅的優惠。此外，1957 年起由臺灣銀行辦理出口低利貸款等措施，為臺灣的島國外銷式經濟奠定基礎。

本階段的產業政策，在經濟重建、進口替代的架構下，將扶植民營公用事業、工礦業及交通運輸事業列為重點，政策工具以保護、管制為主，租稅獎勵及融資優惠亦開始啟用。

貳、出口擴張時期（1960 年代）

隨著戰後經濟復甦，及上個階段發展紡織、水泥、玻璃、食品等輕工業，臺灣已逐步建立生產技術及產能，因此本階段轉而以擴張生產、促進外銷為主，重要措施包括：

一、獎勵投資條例

1960 年 9 月 10 日「獎勵投資條例」公布施行，主要內容包括稅捐減免、工業用地取得及公營事業配合發展等三大部分，提供儲蓄、外銷、自有資金累積、固定資本累積、僑外投資、進駐工業區等個人及業

者租稅獎勵。減免項目包括營利事業所得稅、綜合所得稅、營業稅、印花稅、契稅、財產稅及關稅等；獎勵方式則包括營所稅免徵、納稅限額、保留未分配盈餘、擴充設備減免所得稅、轉投資收入免稅、股票溢價轉公債免稅、證券交易所得免稅、外幣債務兌換損失、特別公債、個人投資抵減、個人二年期以上定期儲蓄存款利息所得免稅等。

　　本條例以租稅減免獎勵產業投資的基本架構，成為日後各項獎勵措施的重要參照對象，部分獎勵措施甚至沿用至今。

二、加工出口區設置管理條例

　　1965 年公布「加工出口區設置管理條例」，以專區方式提供工廠生產所需土地，並提供加工出口區內的外銷事業輸入機械設備等免徵進口稅捐、產品或原料等輸出/輸入免徵貨物稅，及進駐廠房免契稅等租稅優惠，成功引進國內外廠商進駐加工出口區從事外銷生產，成為臺灣經濟奇蹟的重要推手。

參、第二次進口替代時期（1970 年代）

　　為了讓公共建設跟上經濟發展的腳步，政府在 1971 年推動「十大建設」，產業部分則以鋼鐵、石化、造船等重化工業為推動重點，希望替代依賴進口的產業。1978 年臺灣與美國斷交，國內經濟在歷經國際政經環境動盪後，亦追求經濟上的獨立。

　　本階段的「獎勵投資條例」，除了增列重化產業獎勵外，也考量重化工業的投資回收期長，增加「加速折舊」優惠，與原本訂有的「五

（四）年免稅」供業者二擇一使用。1973 年能源危機後，再增加節約能源、資源開發及汙染防治等獎勵措施，包括加速折舊、免稅期間得予遞延等。對廠商投入研發活動的獎勵，亦從本階段開始，提供費用列支、加速折舊、專利權收入免稅等優惠。

肆、經濟自由化時期（1980 年代）

　　經歷兩次石油危機、勞動成本大幅升高、環保爭議及貿易大幅出超，本階段的政策主軸為推動經濟自由化，大幅降低進口關稅、貿易管制等。產業政策則以結構調整為主，依據「市場潛力大、關聯效果大、附加價值高、技術密集度高、能源係數低、汙染程度低」的「二大、二高、二低」標準，篩選出資訊電子、機械等產業作為策略推動重點。此外，政府在 1979 年 7 月 27 日公布「科學工業園區設置管理條例」，開始規劃設置新竹科學園區，提供技術層次較高之產業優良環境，帶動臺灣在高科技領域的發展。

　　本階段的「獎勵投資條例」，開始運用「投資抵減」的優惠措施來調節景氣循環，並持續放寬投資抵減、保留盈餘及五（四）年免稅適用對象等規定。同時，配合產業政策，開始獎勵策略性工業的投資與發展，而「科學工業園區設置管理條例」也提供進駐區內的科學工業，得享有較區外廠商更優惠的租稅減免，包括保稅區進口稅捐減免、投資擴展五年免稅及 15%投資抵減獎勵等。自此，高科技廠商得到更為優渥的租稅待遇。

伍、產業升級加速時期（1990~2010）

　　搭配國家重要經濟產業政策的需求，「獎勵投資條例」經過 30 多年的實施，在屆滿前引發熱烈討論。經建會、財政部及許多財政學者建議將大多數的獎勵項目取消，只保留部分消除稅制不合理的項目。然而，國家財政與推動產業發展在多數時候必須做出取捨，政府在 1990年 2 月提出「促進產業升級條例」（草案）接續「獎勵投資條例」，送請立法院審議。

　　在立法討論過程中，財政、經濟兩部也達成共識，「促進產業升級條例」雖然與「獎勵投資條例」同樣使用租稅獎勵作為政策工具，但在方向上仍有不同，包括：獎勵重點由「促進產業投資」轉為「促進產業升級」、以「功能別」獎勵取代「產業別」獎勵等，盡量減少對個別產業或產品的租稅優惠，而以投資行為為獎勵標的，例如研究與發展、人才培訓、自動化及國際品牌形象等。

　　「促進產業升級條例」自 1991 年 1 月 1 日開始實施，獎勵重點分為兩個階段：

一、1990 年代

　　這個時期民間企業的活力大幅發揮，重要國家經濟施政包括：1991年國家建設六年計畫、1995 年亞太營運中心計畫等，1994 年政府公布「獎勵民間參與交通建設條例」、2000 年公布「促進民間參與公共建設法」，均是以 5 年免稅及投資抵減等租稅優惠，鼓勵民間業者參與交通與公共建設。

　　在產業政策上，政府鼓勵企業以臺灣作為高附加價值產品分工生產及行銷的中心，並廣設「智慧型工業園區」，推動跨國企業在臺灣設立營運中心或與臺灣建立策略聯盟。

　　這個時期的「促進產業升級條例」提供租稅優惠包括：功能性設備、研究與發展投資抵減；國外投資損失準備、個人創作發明權利金免稅、個人股東投資取得股票可緩課所得稅、企業合併免稅等，這些優惠都有之前「獎勵投資條例」的影子。在產業別獎勵方面，則以重要科技事業（通訊、資訊消費性電子、半導體等十大新興工業）、重要投資事業及創業投資事業為獎勵重點。

　　此外，應立法委員提案訂定「提供資源貧瘠地區投資抵減，以促進區域均衡發展」項目，及建立國際品牌形象支出納入投資抵減，均是首次納入租稅獎勵範圍。

二、2000 年代

　　1990 年代是國內製造業積極對中國大陸投資的時期，加以臺灣加入 WTO 影響，政府在 2002 年提出「挑戰 2008：國家發展重點計畫」，將產業政策重點放在全球運籌中心、研發中心及產業高值化，希望將臺灣打造成為全球企業進入中國大陸市場的門戶。

　　因應國內外經濟情勢變化，「促進產業升級條例」通過延長實施 10 年，修正重點包括：

(一) 配合 1998 年全國能源會議結論，將從事二氧化碳減量或提升能源使用效率的投資納入投資抵減項目，並提高研發及人才培訓投資抵減上限，增加投資於網際網路及電視功能等抵減項目。

（二）為有效促進新興產業發展，將產業別獎勵限縮至「新興重要策略性產業」，取代原先對重要科技事業、重要投資事業的獎勵。

（三）提供企業在臺灣設立營運總部或物流配銷中心免徵營利事業所得稅的獎勵。

（四）為符合 WTO 規範，刪除建立國際品牌形象支出的投資抵減項目。

這段時期，臺灣經濟發展已不復過去的高成長，為了提振投資，政府在 2003 年 2 月公布實施「促進產業升級條例」修正條文，重點包括：

（一）擴大提供所有製造業及相關技術服務業在 2002 年 1 月 1 日至 2003 年 12 月 31 日增資擴充或新創立投資 5 年免稅之優惠。

（二）提供第三代通信業者新增投資 5 年免稅獎勵。

茲將歷年租稅獎勵的重點產業列如表 3-1，可看出產業政策重點的演變。

表 3-1　歷年租稅獎勵的重點產業

年代	1960	1970	1980	1990	2000
獎勵對象	生產事業	資本密集或技術密集	策略性工業、創投事業	重要科技、重要投資及創投事業	新興重要策略性產業
獎勵重點	產量大、投資金額大之生產事業	資本密集或技術密集	符合二大、二高、二低	十大新興工業產品、重大投資事業	新興產品或技術
產業別	1. 農林漁牧業 2. 礦業 3. 製造業 4. 手工藝業 5. 運輸業 6. 公用事業 7. 觀光旅館業 8. 國民住宅營造業 9. 技術服務業	1. 基本金屬製造業 2. 電機、電子工業 3. 機器或機器零件製造工業 4. 造船工業 5. 化學工業 6. 染整工業 7. 煤礦業 8. 有機肥料業 9. 國防工業用機器設備等	1. 機械工業：機械、汽車零件、電機 2. 電子資訊工業：電腦系統產品、消費電子產品、電子零組件或材料、通信電子產品、工業電子產品、資訊軟體 3. 生物及材料技術	1. 十大新興工業：通訊、資訊、消費性電子、半導體、精密機械及自動化、航太、高級材料、特用化學品與製藥、醫療保健及汙染防治工業 2. 重大投資事業：製造業、製造行銷中心、發電業、交通事業、影視事業、大型購物中心事業、配合政策對外投資	1. 3C工業 2. 精密電子元件工業 3. 精密機械設備工業 4. 航太工業 5. 生醫及特化工業 6. 綠色技術工業 7. 高級材料工業 8. 技術服務業（網路軟體內容、網路服務、IC設計、電力系統工程、產品工程服務、環保工程、生技製藥、智慧財產服務等）

資料來源：黃仁德、胡貝蒂，2006

陸、產業創新轉型時期（2010 迄今）

「促進產業升級條例」在 2009 年底即將屆滿，政府提出「產業創新條例」（草案）作為接續，報請立法院審議，期望於 2010 年 1 月 1 日施行。其中，產業界最為重視的租稅優惠措施，為配合「輕稅簡政」之賦稅改革方向，將作一定程度限縮，保留企業進行研發、人才培訓、在臺設立營運總部、發展國際物流配銷中心等功能別租稅優惠，新興重要策略性產業股東投資抵減（或五年免稅二擇一）、自動化設備或技術投資抵減等租稅優惠將不再納入優惠範疇。

草案在立法院引發激烈論戰，甚至在該會期無法達成共識，至 2010 年 4 月才三讀通過。當時在野的民進黨一度主張，「產創條例通過後，國家每年會再出現 476 億元的稅損，且這種透過減稅以達政策目標的方式，只利於大財團，讓整個社會產生相對剝奪感，應該正式落日才對。」[2]

持平而論，法律上針對租稅優惠訂定「落日條款」，即是希望在政策推動過程中，以短期內的租稅優惠作為手段達成政策目的。然而，從 60 多年前的「獎勵投資條例」、「促進產業升級條例」到「產業創新條例」，租稅獎勵向來是最重要的政策工具之一，甚至在 2008 年全球金融海嘯發生時，為了有效提振民間投資，緊急修正「促進產業升級條例」，提供 2008 年 7 月至 2009 年 12 月新投資創立或增資擴展者 5 年免稅優惠[3]。租稅獎勵對引導產業投資與發展的重要性，可見一斑。

---

[2]　產創條例爭議大　延下會期再議，《自由時報》2010/1/12

[3]　立法院三讀通過「促進產業升級條例第 9 條之 2 修正條文」，科技產業資訊室 (iKnow) 2009/1/13

　　不可諱言，「促進產業升級條例」對臺灣產業發展具有正面效益，但另一方面，也造成了產業結構和資源分配往科技產業（尤其是資訊電子業）集中，20 年來總計享有超過 8,500 億元的租稅優惠，創造最多安定雇用的傳統產業及中小企業，卻未享受到同等待遇。（戴肇洋，2010）

　　在立法院幾經攻防，「產業創新條例」終於在 4 月 16 日三讀通過，其中爭論最激烈的租稅優惠措施，僅保留企業進行研發之投資抵減，行政院原先規劃之人才培訓、在臺設立企業營運總部、發展國際物流配銷中心等租稅優惠全數刪除，同時將營利事業所得稅稅率調降至 17%，以普惠傳產及中小企業。

　　這段立法過程相當重要，接下來我們可以看到，從「產業創新條例」開始，政府失去了調動國家資源、引導產業發展的有力工具，即使提出再多產業政策和計畫，能動用的手段僅剩下產業補助、投融資及輔導，但又受限於預算規模，無法再像過去一樣，左右臺灣產業發展的走向。

第三章　從兩兆雙星到 5+2 產業創新

　　說到臺灣的重點產業發展政策，近年最耳熟能詳的非「兩兆雙星」莫屬。直到今日，被封為臺灣「護國神山」[1]的半導體產業，即是扁政府時期「挑戰 2008：國家發展重點計畫」極力發展的重點之一，歷經馬政府八年極力推動服務業發展，直到蔡政府推出「5+2 產業創新計畫」，其地位仍屹立不搖。

壹、扁政府時期：挑戰 2008　國家發展重點計畫

　　2001 年網際網路泡沫化事件 [2]，造成全球資訊科技產業嚴重衰退，臺灣引以為傲的資訊電子產業也受到衝擊。因此，政府提出「挑戰 2008：國家發展重點計畫」（2002~2007），選擇具優勢的產業加強推

---

[1] 2020 年 COVID-19 疫情重創全球，臺灣經濟卻逆勢成長，各界分析認為，半導體產業是主因之一。位居半導體產業龍頭的臺灣積體電路製造公司（Taiwan Semiconductor Manufacturing Company, TSMC），簡稱臺積電，它的發展歷程跟臺灣重點產業政策息息相關，也是臺灣 ICT 產業發展的縮影。臺積電在 1987 年於新竹科學園區成立，30 多年來已成為全球科技大廠不可或缺的供應商，其先進製程技術領先全球，員工超過 5 萬人，所生產的晶片廣泛應用於電腦、通訊產品、消費性及工業用電子產品、行動裝置、車用電子等，被臺灣人暱稱為「護國神山」。

[2] 網際網路泡沫（又稱.com 泡沫）是指 1995 年至 2001 年間與資訊科技及網際網路相關的投機泡沫事件。在歐美及亞洲多個股票市場中，被稱為「.com」的網際網路及以「e」開頭的資訊科技公司股價高速上升，引來投機者蜂擁投入。雖然最終科技泡沫破裂，大多數的投資以失敗收場，但仍然有不少優秀的網際網路企業生存下來，如 Amazon、Google、Netflix、PayPal 等。

動，「兩兆雙星」即是其中的重點項目 [3]。所謂兩兆雙星，指的是半導體、影像顯示、數位內容及生物技術產業，政府希望透過這些產業的發展，建立臺灣成為國際研發、製造的營運中心。

茲將推動重點整理如次：

一、半導體產業

（一）概要

為提昇產業競爭力，使我國半導體產業成為高附加價值、知識密集的國際產業聚落，促使我國相關產業的迅速發展，本計畫以產業發展推動、產業環境建構、產業情報掌握與國際地位提升為四大主軸，建構臺灣成為全球半導體重要 IC 設計、開發與製造中樞，進而帶動週邊系統規格之掌握，提升我國半導體相關產業附加價值，並鼓勵國內半導體業者成立尖端半導體製程研發中心，加速半導體製造材料與製程設備本土化，促使我國半導體產業產值於 2006 年達成新臺幣 15,912 億元，並成為全球前三大半導體產值貢獻國。

（二）效益

1. 鼓勵國內半導體業者成立尖端半導體製程研發中心與加速半導體製造材料與製程設備本土化。
2. 促使我國半導體產業 2006 年產值突破臺幣 1 兆元，估計可達新

---

[3] 「挑戰 2008：國家發展重點計畫」涵蓋四大重點產業群：傳統產業高附加價值化(包括高科技 紡織、保健機能性食品及保養品、高級材料工業、光電電子用化學品產業、輕金屬產業、輕型高效率電動車輛、運動休閒產業)、兩兆雙星產業(包括半導體產業、影像顯示產業、數位內容產業、生物技術產業)、四大新服務(包括研發服務產業、資訊應用服務產業、流通服務產業、照顧服務產業) 以及綠色產業(包括資源分選及再生利用、綠色資源再生利用及資源化工業輔導)等。

臺幣 15,912 億元，並使我國成為全球前三大半導體產值貢獻國。

3. 2006 年成為世界 12 吋晶圓廠密度及效能最高之地區（預計 10 座以上之 12 吋晶圓廠技術導入 0.1 微米以下製程）。

二、影像顯示產業

（一）概要

1. 為扶植影像顯示產業發展，有必要結合各相關部會資源與力量，共同建構適合臺灣影像顯示產業發展環境，以吸引投資與國際合作、豐沛產業研發、設計與管理人才之供給、健全產業發展金融輔助機制以鼓勵創業與接單運作、加速影像顯示技術與產品發展、協助廠商提升國際競爭力。

2. 積極推動規劃產業發展聯盟，並建立影像顯示產業發展的平臺，引進影像顯示之關鍵技術，實現技術應用於業界之需求，進而帶動廠商重大投資、掌握關鍵技術，擴大重點產品之市場占有率。

3. 因應智慧財產權整合運用趨勢，推動專利權協商合作機制，協助解決專利權問題；建立廠商永續發展之基礎與信心，規劃下一世代彩色影像顯示技術研發工作，並藉由產學研等單位共同研發機制，為投入下世代之產業預建完整之發展環境。

4. 運用產學聯盟與人才培訓方式，協助業者提升經營管理與專業技術人員之本職技能，提升企業競爭能力。

（二）效益

1. 推動重大投資未來五年總投資全額達 3,500 億元以上，至少有五

座第五代 TFT-LCD[4] 廠開始量產。

2. 五年內推動臺灣成為全球第一大 TFT 顯示器供應國，市場占有率達 40%。

3. 五年內平面顯示器及相關產品產值達到 1 兆 3700 億元。

4. 結合前瞻技術研發聯盟，推動產業開發新一世代顯示器產品。

5. 推動上下游產學合作機制，至少建立 3 個產業群聚園區，原材料自製率達 85%。

6. 推動專利權協商機制，成立專利權對外談判統一窗口，協助解決專利權問題。

7. 推動下一世代彩色影像顯示產品，預計 2006 年 OLED[5] 與 PDP[6] 產值分別可達新臺幣 50 與 56 億元，被動式 OLED 產值成為全球第二大，PDP 產值成為全球第三大。

---

[4] 薄膜電晶體液晶顯示器（Thin film transistor liquid crystal display，簡稱 TFT-LCD），是液晶顯示器的一種，使用薄膜電晶體技術改善影像品質，常被應用在電視、平面顯示器及投影機上。

[5] 有機發光二極體（Organic Light-Emitting Diode，簡稱 OLED），最早於 1950 和 1960 年代由法國人和美國人研究，其後由美國柯達及英國劍橋大學加以演進，日本 SONY、韓國三星和 LG 等公司於 21 世紀開始量產。OLED 與 TFT-LCD 為不同類型的產品，前者具有自發光性、廣視角、高對比、低耗電、高反應速率、全彩化及製程簡單等優點，但早期 OLED 的使用壽命仍難以達到消費性產品（如 PDA、手機及數位相機等）要求。近年來 OLED 在技術及價格上有大幅突破，許多手機螢幕已採用 OLED。

[6] 電漿面板(plasma display panel，簡稱 PDP)，是平面顯示設備組件的一種。電漿面板具有畫質彩度高、反應速度快、無視角限制、低電磁波輻射、輕薄、可適用於大尺寸規格之顯示設備等優點。1996 到 1998 年間，多家日韓廠商如 NEC、Panasonic、Pioneer、Hitachi、LG 等開始投入生產電漿顯示產品，直到 2000 年初，電漿顯示是非常熱門的高畫質平板顯示器。

三、數位內容產業

（一）概要

1. 近年來，因寬頻網路的興起而促成 4C（Computer, Communication, Content,Cable）的匯合，國外各先進國家對 4C 匯合所產生之新興產業雖有不同稱呼，不論其稱為新媒體、數位媒體、或數位內容產業，各國皆視其為知識經濟時代下提升國家競爭力所必需發展之產業，皆積極投入大量資源加以推動。除美國主要以民間力量推動外，加拿大、英國、德國、日本、韓國等國皆以政府資源結合民間力量在大力推動，期能在新一波的產業競爭中取得領先。

2. 在全球「知識產業化」的趨勢之下，各國必須從中尋找創造新興產業的機會，以求取經濟的成長。而數位內容產業是數位化技術與產品之整合運用或服務，隨著新經濟報酬遞增定律之推波助瀾，已成為本世紀經濟發展之重要產業。許多國際顧問公司估計，2007 年後，華文將是網路世界的第一大語言。臺灣處於東西文化交會融合之處，擁有多元化的社會、優質的文化、豐富的生活型態與創新的環境，若能與電子資訊產業充分結合，臺灣在全球數位內容產業上將具有重要地位。

3. 數位內容產業具有發展知識經濟與數位經濟之指標意義，除可促進傳統產業提升其知識含量而轉型成為知識型產業，亦是提升臺 灣整體產業競爭力之基礎平臺。為扶植新興數位內容產業能順利領導華文市場以落實知識經濟的發展，政府特訂定「加強數位內容產業發展推動方案」，以期結合各相關部會資源與力量，共同建構適合臺灣數位內容產業發展環境與法規，以吸

引投資與國際合作、豐沛產業創新與管理人才之供給、健全金融輔助機制以鼓勵創業與接單運作、加速重點領域數位內容產業技術與產品之發展、協助廠商提昇國際行銷能力與競爭力等。

4. 我國數位內容產業範疇包含遊戲、動畫、數位學習、數位影音、行動內容、網路服務及數位內容軟體等重點領域及其他各類多媒體電子資料庫之應用。

（二）效益

1. 建構臺灣成為亞太地區數位內容設計、開發與製作中樞，並帶動周邊衍生性知識型產業發展。

2. 預計 2006 年臺灣數位內容產業之相關產值於年可達到新臺幣 3,700 億元之目標。

四、生物技術產業

（一）概要

1. 為建立我國生物技術產業發展之完整體系，加速推動關鍵性生物技術研發，發展具國際競爭力之生物技術產業，政府提出「加強生物技術產業推動方案」，逐步建立生技產業良好之發展環境、加強推動投資及國際合作、輔導國內生技廠商提升技術能力、拓展國際市場。

2. 分別投注生物技術、藥品及醫療器材三大領域發展，生物技術產業 2001 年產值約新臺幣 1,000 億元，未來將從驗證體系、優良規範標準、協助廠商提升技術水準及拓展國際市場、培訓工業技術人才、智慧財產權之保護及設置南港生技園區等協助

生技產業之發展。

3. 2007 年 7 月公布「生技新藥產業發展條例」，是我國首次就個別產業提出的投資獎勵法案。條例中所定義之生技新藥公司，係指使用於人類及動植物用之新藥及高風險醫療器材之產業，而高風險醫療器材係指植入或置入人體內屬第三等級之醫療器材，符合此範疇之公司均可向經濟部工業局申請審定成為生技新藥公司。法條全文內容共 13 條，主要針對生技新藥產業之特性，提供公司、股東、技術投資人、高階專業人才等租稅優惠。

（二）效益

　　為我國生技產業之發展建構良好之基礎與投資環境，提高我國生物技術產業之附加價值。

貳、馬政府時期：黃金十年　國家願景 [7]

　　2008 年政黨再次輪替，新執政團隊甫上任便遭遇美國次貸危機所引發的全球金融海嘯[8]，臺灣以製造業、出口為主的經濟結構，面臨極

---

[7] 中華民國史上的黃金十年，又稱南京十年、十年建設，指國民政府從 1927 年 4 月 18 日定都南京，到 1937 年 11 月 20 日遷都重慶期間。1928 年國民革命軍北伐結束後，中國國民黨領導國民政府統一中國，開啟中華民國大陸時期一段罕有的短暫盛世，各方面建設發展被譽為「黃金十年」。另外，在第一次世界性能源危機發生，國家面重大經濟危機，當時的總統蔣經國推出十大建設，為臺灣經濟注入了新生命，締造了臺灣經濟奇蹟，也開創了臺灣史上的第一個黃金十年(1971-1980)。馬政府援引黃金十年作為國家整體經建規劃的名稱，具有承先啟後的歷史意義。

[8] 次貸危機，全名次級房屋借貸危機（Subprime mortgage crisis），是由美國國內抵押貸款違約和法拍屋急劇增加所引發的金融危機，對全球銀行與金融市場產生了重大衝擊。次

大的轉型壓力。因此，在因應全球金融海嘯的緊急措施之外，2009 年政府提出「愛臺 12 建設」總體計畫（2009~2016），集中公共建設資源，擴大國內需求、改善投資環境，希望為臺灣經濟打下新的基礎[9]。

在產業政策部分，這個時期出現幾個重要轉折。首先是 2008 年的金融海嘯，讓全球記憶體（DRAM）供過於求的狀況雪上加霜，接著面板（Display）產業進入削價競爭，加上韓國三星結合製造、品牌行銷的優勢，我國 3D1S（面板、LED、DRAM、太陽能）廠商如茂德、力晶、友達及奇美電等受到重創，而國內對於耗費國家資源給予高科技產業獎勵也起了不小的質疑聲浪，影響了當時的政策走向。

其次是「促進產業升級條例」落日，「產業創新條例」在 2010 年 5 月公布施行，取消產業別租稅優惠，僅保留研發投資抵減等功能別獎勵。至此，政府正式從主導產業發展的角色淡出，僅從計畫面向提出「六大新興產業」（2009 年）、「四大智慧型產業」及「十大重點服務業」（2010 年），希望能將臺灣集中資通訊電子的產業結構朝多元

貸危機始於 2007 年 4 月美國第二大次級房貸公司新世紀金融公司（New Century Financial Corporation）破產，由房地產市場蔓延到信貸市場，許多金融機構和客戶損失慘重，進而引發 2008 年的全球金融海嘯，是 21 世紀初世界經濟大衰退的主因之一。

[9] 愛臺 12 建設包括：(1)便捷交通網(北中南都會區捷運網、東部鐵路提速、電氣化及雙軌化等)；(2)高雄港市再造(高雄港洲際貨櫃中心、設立海洋科技文化中心、改造哈瑪星及苓雅舊港區等)；(3)中部高科技產業新聚落(中科四期擴建計畫、發展中興新村為高等研究園區等)；(4)桃園國際航空城；(5)智慧臺灣(推動寬頻匯流網路、網路政府等)；(6)產業創新走廊(將現有的科學園區依地理位置，分別打造成北北基宜、桃竹苗、中彰投、雲嘉南、高高屏澎以及花東產業創新走廊)；(7)都市及工業區更新；(8)農村再生(推動「農村再生條例」，照顧 4,000 個鄉村社區、60 萬農戶，推動整合型的農地重劃，並推動「小地主大佃農」制度，鼓勵專業農民擴大農場企業經營化)；(9)海岸新生(針對各縣市漁港定期清除淤沙，將傳統漁港改造為兼具漁業及休閒觀光的現代化漁港等)；(10)綠色造林(加強平地及山坡造林、設置平地森林遊樂區等)；(11)防洪治水(推動 8 年 1,160 億易淹水地區治理計畫、加強地下水補注等)；(12)下水道建設(補助縣市政府辦理汙水處理廠、推動民間投資參與汙水下水道建設等)。

化發展，特別是服務業的提升。（若讀者對當時製造業的相關議題感興趣，可參見本書收錄的專文）

一、六大新興產業

臺灣自 1980 年代後，在政府策略性導引下投入大量資源發展資訊、半導體、通訊及面板等科技產業，在全世界科技產業取得關鍵性地位。但由於臺灣科技產業為外銷導向，較易受國際景氣波動影響，以 2008 年美國金融海嘯爆發並擴大蔓延、歐美主要國家經濟衰退為例，即造成我國科技產業出口嚴重萎縮，企業裁員、實施無薪假造成大量失業等問題，顯示**臺灣產業過度集中的風險**，產業結構亟需進行調整。

在臺灣既有兩兆雙星及資通訊產業的基礎上，並因應未來節能減碳、人口老化、創意經濟興起等世界趨勢，政府選定生物科技、綠色能源、精緻農業、觀光旅遊、醫療照護及文化創意等六大產業，從多元化、品牌化、關鍵技術取得等面向，由政府帶頭投入更多資源，並輔導及吸引民間投資，以擴大產業規模、提升產值及提高附加價值，在維持我國經濟持續成長的同時，亦能兼顧國民的生活品質。

（一）生物科技

強化產業化研發能量，承接上游累積的成果，成立生技整合育成中心及生技創投基金，帶動民間資金投入，並成立食品藥物管理局以建構與國際銜接的醫藥法規環境。

（二）綠色能源

以技術突圍、關鍵投資、環境塑造、內需擴大及出口拓銷等策略，協助太陽光電、LED 照明、風力發電、氫能及燃料電池、生質燃料、能

源資通訊及電動車輛等產業發展。

（三）精緻農業

　　開發基因選種、高效能高生物安全生物工廠等新技術；推動小地主大佃農、結合觀光文創深化休閒農業等新經營模式；拓展銀髮族飲食休閒養生、節慶與旅遊伴手等新市場，以發展健康、卓越、樂活精緻農業。

（四）觀光旅遊

　　以拔尖（發揮優勢）打造國際觀光魅力據點，推動無縫隙旅遊資訊及接駁服務；以築底（培養競爭力）改善觀光產業經營體質，培養契合產業需求之國際觀光人才；以提升（附加價值）深耕客源市場及開拓新興市場，成立行政法人加強市場開拓，推動旅行業交易安全及品質查核等評鑑。

（五）醫療照護

　　藉由提升核心技術，擴充現階段醫療服務體系至健康促進、長期照護、智慧醫療服務、國際醫療及生技醫藥產業，打造臺灣醫療服務品牌，帶動相關產業發展。

（六）文化創意

　　以華文市場為目標，加強創意產業集聚效應、擴展國內外消費市場、法規鬆綁、資金挹注、產業研發及重點人才培育等環境整備策略，推動電視、電影、流行音樂、數位內容、設計及工藝等六大旗艦產業。

二、四大智慧型產業

ICT 產業已成為臺灣的主力產業，多項產品在競爭激烈的科技市場高居全球第一。為充分發揮臺灣 ICT 產業的競爭優勢，行政院乃責成內政部與經濟部提出雲端運算、智慧電動車、智慧綠建築、發明專利產業化等「四大新興智慧型產業」，期運用創新研發能力，為臺灣未來產業開創新的藍海，打造新世代的榮景。

（一）雲端運算

1. 五大施政方向

提升政府運作效能、提升民眾生活水準、提升硬體附加價值、帶動產業投資，加速產業轉型、加強基礎研究與產業科技研發。

2. 三大發展策略

(1) 供給面：發展全方位、高度整合 C4 雲端運算產業鏈。

(2) 需求面：推動政府雲端運用/政府之雲端運算服務。

(3) 治理面：全方位協調、統合與管理執行方案著手，期能普及雲端運算應用，催生雲端運算產業鏈，使臺灣成為全球發展雲端產業的典範。

3. 目標

以 5 年共 240 億元經費，於 2015 年達成雲端服務應用體驗 1,000 萬人次、帶動企業研發投資 127 億，促成投資（含製造、服務）1,000 億、新增就業人口 5 萬、雲端運算產值累計達 1 兆。

（二）智慧電動車

1. 五大發展策略

推動智慧電動車先導運行、健全智慧電動車友善使用環境、提高消

費者購車誘因、以環保節能減碳標準健全智慧電動車發展環境、輔導產業發展。

2. 三階段推動

分推行示範運行（2010 ～ 2013 年）、成長期——推展國內及新興市場（2014 ～ 2016 年）、擴張期——兩岸互補行銷全球市場（2017 ～ 2030 年）三階段，推動智慧電動車正式上路及邁向普及化，並帶動智慧電動車產業升級，促進我國智慧電動車發展成為世界典範，落實臺灣建立低碳島的政策目標。

3. 目標

2016 年智慧電動車產量超過 6 萬輛（含外銷 1.5 萬輛），產值超過 1,200 億元（整車約 900 億元，零組件約 300 億元），及帶動相關服務業產值共 312 億元，創造 2.4 萬以上就業人口。

（三）智慧綠建築

1. 四大推動策略

進行創新技術研發以提升產業競爭力、健全法制規範以消弭產業發展限制、培訓專業人才以滿足產業發展所需、辦理示範應用推廣以帶動產業發展。

2. 目標

在既有綠建築基礎上，導入資通訊應用科技，發展智慧綠建築產業，預估經由政府投入經費約 32.36 億元，將可促進投資約 284 億元，帶動相關產業產值約 7,529 億元，達到減碳總量約 382 萬噸，關聯產業就業人口數將達 24 萬 3,000 多人。

（四）發明專利產業化

1. 六大推動策略

建置專利加值輔導顧問中心、輔導商品化驗證服務、強化臺灣技術交易整合服務中心（TWTM）服務功能、整合政府輔導資源輔導企業專利商品化、輔導或補助個人專利創業育成或開發新商品、「強化政府科專計畫研發成果商品化。

2. 目標

至 2015 年預計達成取得專利獲證數 470 件、專家顧問深入諮詢訪視 3,200 案、協助專利技術進行加值組合服務 3,400 件、促成專利技術之移轉授權及讓與交易達 5,700 案 等成果，並預估可創造人力資源運用人數 39,000 人，帶動民間投資 200 億元， 以及衍生經濟效益 1,130 億元，進而達成發展發明專利產業化之推動目標。

三、十大重點服務業

2009 年整體服務業名目 GDP 達 8.6 兆元，占 GDP 總值 12.5 兆元的比重達 68.7%，占總就業人數 58.9%，是我國經濟成長與就業創造的主要來源。

2009 年 10 月，總統府財經諮詢小組考量具出口競爭力、就業機會多、具發展潛力等因素，建議以國際醫療、國際物流、音樂及數位內容、會展、美食國際化、都市更新、WiMAX[10]、華文電子商務、教育、金融服務等 10 項重點服務業，做為未來發展項目。

（一）美食國際化

1. 推動背景

---

[10] 全球互通微波存取（Worldwide Interoperability for Microwave Access，WiMAX）是一項高速無線資料網路標準，主要用在都會網路，由 WiMAX 論壇提出並於 2001 年 6 月成形。

　　根據交通部觀光局統計資料顯示，臺灣美食已成為國際旅客來臺觀光主要目的之一，顯示臺灣美食極具發展潛力。

　　美食已成為諸多國家文化輸出及國際推廣的主流，而臺灣美食彙集中華與異國料理融合之傳承，具有容乃大特色，在經濟部商業司多年推動下，逐漸轉為標準化及系統化經營，臺灣美食餐飲業已從傳統家庭式經營，加上社會對於餐飲衛生及食材品質的重視，美食在整體社會中已展露頭角，更在國際間引起迴響。根據 2010 年度統計調查結果，臺灣餐飲業產值達 3,447 億元、國內餐飲業總店數 102,129 家、住宿及餐飲業就業人數為 72.7 萬人。

　　「臺灣美食國際化行動計畫」係以「Gourmet Taiwan 世界美食匯集臺灣、全球讚嘆的臺灣美食」為願景，以擴增國內外展店家數、創造更多就業機會、新增國際美食品牌、提升國際化人才素質、促進商機媒合機會、增加民間投資金額為目標。

　　2. 策略重點

　　以「在地國際化」及「國際當地化」，作為啟動臺灣美食國際化推動之二大推動策略，協助臺灣在地業者儲備國內外展店能量，建構政府與民間企業交流平臺，提升廚師國際化能力，增加臺灣美食曝光率及品質，打造國際知名度；提供國際展店支援輔導，群聚發展臺灣美食專區，進行商機媒合，建立國際市場行銷基礎與推廣臺灣美食。以世界主要國際城市為目標，同時以中國大陸為先行市場。

　　3. 推動目標

　　預期於 2013 年可達成：

　　(1) 國內外展店新增 3,500 家。

　　(2) 創造至少 10,000 個就業機會。

　　(3) 國際美食品牌新增至 50 個。

(4) 培訓國際化人才 1,000 人次。

(5) 協助商機媒合 500 家次。

（二）國際醫療

1. 推動背景

近年來部分東南亞國家致力推行國際醫療，目前推行最具成效如：泰國、新加坡、韓國、甚至是晚近崛起的印度。百家爭鳴中都各自發展具特色的醫療旅遊套裝行程，進而帶動其國內許多就業機會，活絡該國服務產業。

在探討泰國、新加坡等國國際醫療成功機制後，除民間業者自己努力外，政府亦在背後扮演推手的角色，面對各國競相發展醫療服務國際化之浪潮，**臺灣爭取全球醫療大餅的時機雖然較晚，但臺灣醫療水準高、技術進步，價格亦具競爭力，發展醫療服務國際化仍具潛力，政府有必要整合資源以克服競爭對手國的先占優勢**。

為因應國際化及產業化之潮流，政府推動「醫療服務國際化旗艦計畫」，並以「高品質、中價位」為核心概念，**透過持續性與計劃性的行銷宣導措施，於國際間塑造我國特有醫療服務品牌印象**。惟我國醫療服務國際化起步較晚，國際合作之行銷通路尚未暢通，發展國際醫療仍具相當挑戰，亟需於行銷推廣部分多加著力，建立整體行銷管道宣傳臺灣優質醫療品牌形象，將臺灣的優質醫療行銷於國際，進而使「臺灣服務」（served by taiwan）成為臺灣經濟的新標誌，並可同時驅動我國高價值科技型服務業發展。

2. 策略重點

(1) 藉由結合臺灣的優質醫療、高科技與親善服務，整體行銷規劃「國際及兩岸醫療」，促進國家整體形象發展與帶動相關產業進步。在執行上，將透過需求面（目標市場、競爭力項

目界定、國際研討會的召開、行銷專家參與、形象廣告及行銷規劃），供給面（產業的優劣勢分析、法規的鬆綁、與保險業的合作以解決可能的醫療糾紛、掌握海外醫療市場與知識庫的建構，以及專業人才的培訓課程等）的策略與輔導計畫、方案，來落實醫療服務國際化，建構醫療服務國際化的經營模式（business model），進而達成「顧客走進來，醫療走出去」的目標，創造龐大的經濟效益，為臺灣整體國家發展注入一劑強心針。

(2) 在發展國際及兩岸醫療之策略上，著手於「重症醫療」與「觀光醫療」之發展，於重症醫療乃透過建立常態機制，簡化就醫入境程序，提昇外籍人士來臺就醫之意願，而若能於國際間協助業者搭上國際橋樑建立轉介通路，來臺就醫之管道也就更加多元。而在「觀光醫療」方面，則是積極串聯旅遊、醫療院所輔助旅遊業者開發養生、保健、醫美行程，使國際就醫者能於就醫期間享受臺灣優質觀光環境，除此之外，亦藉由鼓勵僑胞返臺從事高階健檢深化僑胞回臺就醫之意願。

3. 推動目標

(1) 結合臺灣的優質醫療、高科技與親善服務，連結觀光旅遊業，開拓醫療產業發展的新利基，並可同時驅動我國高價值的科技型服務業之發展。

(2) 整體行銷我國醫療服務品牌，促進國家整體形象發揚，使「臺灣服務」（served by taiwan）成為臺灣經濟的新標誌，提升臺灣之國際能見度。

（三）音樂及數位內容

1. 推動背景

(1) 流行音樂：價值鏈已由過去以唱片為主體，逐漸轉變為以「錄音著作」、「現場演出」、「著作權利」為主的三大系統，也是唱片產業主要獲利來源。臺灣流行音樂在華語地區仍居創意與品牌領先地位。

(2) 數位內容：配合六大新興產業之「創意臺灣（creative taiwan）—文化創意產業行動方案」，擬訂「數位內容產業發展行動計畫」，完善產業面的環境建構，達到「發展臺灣成為全球數位內容產業發展成功之典範，並成為娛樂及多媒體創新應用的先進國家」之願景。

2. 策略重點

(1) 流行音樂：人才培育、開發行銷及活絡國內市場、開拓國際市場，工作項目包括實務創作與多元語言創作、增設獨立音樂獎項、保存音樂資產、輔助表演空間發展、獎勵創新行銷模式等。

(2) 數位內容：引導資通訊業者及數位內容業者共同合作，開發「軟硬整合解決方案」（如電子書閱讀器、遊戲機、數位學習專用機等軟硬體結合系統），建構產業完整價值鏈，經本地試煉後建立創新營運模式行銷國際，以促進產業投資及擴大海內外整體產業規模；促進數位內容創作多元應用及智財權共享，促成民間成立「共同製作專案」進行跨業合作，獎勵多元內容創新研發，促進異業投資與整合結盟等。

3. 推動目標

(1) 提升臺灣流行音樂之創、製、銷能量，帶動產業創新及升

級，99 年至 103 年之 5 年總產值突破 500 億元。

(2) 吸引人才回流、創造工作機會，5 年就業人數由 1400 人增加為 2800 人，使臺灣流行音樂人才運用率達到 100%。

(3) 提升國內數位音樂產值，協助產業轉型，每年獲利至少成長達 2 億元以上。

(4) 提供資金協助，提升產業發展動能，促進業者每年相對投資約 3,500 萬元，5 年至少達 17,500 萬元。

(5) 輔導優質音樂唱片業者，提升市場競爭力，5 年至少 15 家以上。

(6) 促進唱片業培植演唱新人或團體，再造明星級音樂產業人才，每年至少 3 組，5 年可達 15 組以上。

(7) 輔助參與國際音樂活動，開創流行音樂品牌價值，每年至少 15 組樂團，5 年可達 75 組樂團。

(8) 促成數位內容產業投資額達 1,000 億元、國際合作金額達 140 億元。

(9) 促成數位內容產業創新產品數量達 200 件，帶動衍生產值達 100 億元。

(10)培育 5 家年營收新臺幣 30 億元之數位內容國際級企業，開發國際級產品達 10 件。

(11)培訓數位內容產業專業人才達 8,000 人次。

（四）華文電子商務

1. 推動背景

臺灣 C2C 及 B2C 電子商務近幾年每年以超過 20%的速度成長，證明電子商務發展的強大潛力，另外在創新營運模式、特色商品、資通訊科技能力及具有中華文化內涵的臺灣生活形態等方面，臺灣均較其他競

爭對手強，因此，臺灣電子商務具有優勢可以拓展與我國同種同文的華文市場。

　2. 策略重點

　　(1) 商品高值化策略：以多元招商方式，找出有能力、有經驗的廠商，增加成功率；並以廠商選能、商品選質之原則，選出適合在中國大陸銷售的商品品類。

　　(2) 橋接結盟策略：以平臺橋接方式協助臺灣平臺業者與大陸業者橋接合作；並與大陸相關單位結盟，處理跨境障礙環境議題，推動兩岸電子商務產業交流合作，爭取對臺灣廠商優惠措施。

　　(3) 障礙突破策略：以跨部會協調方式，建立跨部會協調運作機制；以跨境物流合作方式推動兩岸物流業者合作；培訓中高階跨境電子商務人才；協助已成熟的臺灣本地電子商務業者邁向上市上櫃之路。

　　(4) 資源整合策略：成立專家顧問與電子商務輔導團，建立專家顧問服務資源網絡，提供臺灣廠商諮詢服務。結合 MIT 臺灣製產品等政府計畫，建立互補支援模式，共同行銷。

　3. 推動目標

　　(1) 逐漸建立更適切的臺灣電子商務產業發展環境。

　　(2) 支援產業應用電子商務，奠定進入華人市場的第一步，協助企業升級成為具備外銷實力的國際化企業。

　　(3) 帶動網路創業或投入電子商務相關產業，增加 10,000 人就業機會。

（五）國際物流

　1. 推動背景

　　我國具有優良港埠設施,且與鄰近國家及地區交通聯繫順暢,對於發展國際物流服務網絡具有地理位置優勢。此外,臺灣與中國大陸在同文同語言條件下,對於全球集中於亞洲物流服務市場需求之趨勢,可透過臺灣物流業者進行全球運籌的布局,有效結合亞洲與歐美市場的物流服務。

　　綜上,臺灣如能充分運用兩岸相同語文、市場整合力及靈活的供應彈性,與國內外同業進行合作聯盟、改善相關運輸基礎設施、擴大服務據點與規模、培訓物流人才及提升資訊化程度與國際接軌,並朝向全球化的運籌模式提供整合性服務;將可增加國際企業在臺營運利基、整合臺商海外資源,並促使國際物流協同金流、資訊流,創造臺灣經貿運籌全球的機會。

2. 策略重點

(1) 奠定臺灣物流業的基礎實力:促進物流相關企業的規模化、流通系統的標準化及物流管理功能的高度化。

(2) 促進物流鏈結的相關合作:建立物流資訊單一窗口平臺;促進物流安全化及效率化;並參循國際訊息合作的框架,促進臺灣產業與國際供應鏈進行界接與合作。

(3) 打造國際一流的軟硬體基礎建設:強化國際連結之交通基礎建設;透過交通部門行政組織之改造,促使國際港灣及機場之運籌功能充分發揮;建構國內外運輸模式的合作網絡,進行海——陸——空運之無縫接軌。

(4) 開創亞太供應鏈的物流新機:以經貿合作為主軸帶動物流運籌之合作發展,讓在臺企業之產業實力成長茁壯,透過物流機制深入亞太地區,經由物流結合資訊流、商流及金流,以實現國際運籌高速無縫接軌的一體化供應鏈。

3. 推動目標

(1) 推動國際物流業朝向規模化發展、推動產業運籌服務模式及建立產業零組件與客戶成品全球發貨機制等措施，並配合物流專業人力，以使臺灣成為產業成品與零組件全球發貨運籌服務加值基地。

(2) 建置「關港貿單一窗口」，簡化進出口行政流程，創造與國際接軌的資訊平臺，並強化優質經貿行政措施，以促進貿易安全便捷，提升我國轉口貨量與貨物流通，以吸引更多航商泊靠或將待運貨物運送臺灣。同時結合配套措施，建設我國海空港腹地成為亞太地區運籌物流加值之據點。

(3) 透過機場、港口等重要交通運籌港埠之體制改革，加以機場園區之開發，強化各港口的聯外運輸，使自由貿易港區的功能更進一步發揮。此外，強化物流基盤設施與服務，整合政府行政服務，以帶動國內、外廠商進駐，發揮產業群聚效果，輔以全島邁向自由貿易體制，可提升臺灣在亞太地區海空運的樞紐地位。

(4) 2012 年世界銀行物流績效指標（lpi）之「通關效率」、「基礎建設」、「物流服務」3 分項排名，分別提升 2 個名次。

（六）會展

1. 推動背景

依據國際展覽業協會（ufi）2009 年所公布「亞洲展覽產業報告」，臺灣展覽總銷售面積排名亞洲第 7 名，臺北國際電腦展及臺北國際自行車展規模皆位居亞洲第 1 ，臺北國際工具機展亦已成為亞洲第 2 名之重要展覽。國議會議協會（icca）公布的 2009 年全球會議場次排名，臺灣世界排名 32 名，臺北市的城市排名更穩居亞洲第 7 名。在政

府推動會展產業努力下，國際會議及專業展覽表現皆有所突破，預期將
透過計畫之執行，進一步改善會展服務業經營環境，強化產業競爭力。

2. 策略重點

以「建構具吸引力國際會展環境、建構科技化會展服務」為執行主
軸重點。為擴大推動效益，於推動會展產業同時，整合政府相關資源，
尋求跨部會合作，共同推動臺灣會展產業。

3. 推動目標

(1) 擴大會展產業規模，帶動國內經濟及出口大幅成長。

(2) 協助地方發展會展，擴大內需繁榮地方。

(3) 提升會展國際地位，建設臺臺灣成為亞洲會展重鎮。

（七）都市更新

1. 推動背景

各先進國家為促進國內經濟發展，除投資興建各項重大公共建設
外，亦加強推動綜合性及大規模都市更新案，以提高經濟產值。我國營
造業產值占 GDP 之比重遠落後於先進國家及競爭對手國，2002 年至
2009 年各國營造業產值占 GDP 之平均比率，英國為 8.4%，日本為
6.4%，韓國為 6.4%，香港為 7%，我國僅 2.7%，落後其他國家約
3.7%~5.7%。為此，政府全面推動都市更新，型塑都市更新產業鏈，期
提高營建業產值。

2. 策略重點

(1) 都市更新：研議修訂相關法令，檢討成立都市更新行政法人
或專責機構之可行性，充足執行人力；加速政府為主都市更
新案推動，並規劃合宜住宅；輔導民間實施都市更新，並鼓
勵住戶自主更新。

(2) 老舊建物機能改善：重建獎勵規定（修正都市計畫法省市施

行細則，規定都市計畫範圍內屋齡 30 年以上中低樓層老舊合法建築物，得按原容積或原樓地板面積重建；另外建築設計取得銀級以上綠建築候選證書或耐震標章者，得給予容積獎勵）、改建及修建獎勵規定（修正建築技術規則，規定屋齡 20 年以上中低樓層老舊合法建築物增設昇降機之空間，得不計入法定建築面積及容積；另外建築修繕能提高耐震能力、取得綠建築標章者，給予經費獎勵）。

3. 推動目標

(1) 未來都市發展將由「基地再開發」為主的更新模式，推進到「地區再發展」以及「地域再生」為主的更新模式；由「投資型」都市更新擴展為「社區自助型」都市更新；由「重建型」都市更新延伸到「整建維護型」都市更新；並兼顧「都市個別老舊合法建築物」生活機能改善。

(2) 預計 4 年內完成：50 處更新地區先期規劃及前置作業、15 處政府為主都市更新案關聯性公共工程闢建、15 處政府為主都市更新案招商投資、輔導 100 件民間都市更新事業計畫核定實施、整合150個社區自主實施都市更新事業、100 件私有老舊公寓大廈整建、維護規劃設計及工程施作、4,000 戶合宜住宅興建。

(3) 政府總投資金額約 184 億元，若能如期達成預定目標，預估 4 年可帶動民間投入約 2,000 億元產值（含上下游關聯性產業），每年提升經濟成長率約 0.12%。

（八）WiMAX

1. 推動背景

政府自 2005 年推動 WiMAX 產業，不僅完整建構 WiMAX 核心技

術、設備到應用服務之產業價值鏈，並提供產業試煉場，所以在產業方面，已成功落實 WiMAX 晶片、測試驗證、終端設備等在我國生根發展。同時，首度跨入局端微型基地臺研發製造，且全球 90%以上 WiMAX 終端設備由臺灣供應，臺灣 WiMAX 國際性展覽，也成為全球觀察 WiMAX 產品發展的重要櫥窗。在服務方面，營運商將執行行動臺灣應用推動計畫所建置的 WiMAX 基礎網路，成功轉為 WiMAX 商用服務網路，營運商有機會發展整合服務技術軟實力，實現 WiMAX 整體服務輸出。

2. 策略重點

(1) 發展 WiMAX 系統整合軟實力，建立 end to end solution：整合 WiMAX 營運商與設備業者，發展國內自主的系統整合能量，同時爭取國際大廠策略聯盟，發展系統整合商機，並且掌握外交經貿機會以及兩岸合作商機，透過政府力量，推動無線寬頻解決方案整體輸出。

(2) 擴大應用領域，累積 WiMAX 服務營運與互通互連經驗：政府優先導入使用 WiMAX 網路的應用，不僅可提升公部門服務效益，亦能協助業者累積 WiMAX 服務營運與互通互連經驗，同時利用政府現有的重大政策計畫如：智慧臺灣創新應用與六大新興產業，提供研發補助，鼓勵導入 WiMAX 網路平臺，以進行無線寬頻應用服務的深化與應用建置擴散，讓效益由點擴大到線與面，創造實施案例。

3. 推動目標：在 2013 年達到

(1) 營造 WiMAX 應用服務環境，加速無線寬頻應用服務的興起，進而帶動整體經濟、國家競爭力的發展，並為民眾提供更便利的政府應用（如：警政治安、消防救災）、即時的休

閒娛樂（如：吃喝玩樂即時資訊）、快樂即時學習（如：教育）的高品質生活。

(2) 整合 WiMAX 上、中、下游產業價值鏈，建立無線寬頻接取網路解決方案能量，提升我國產業競爭力，藉此進軍國際市場，達到整體解決方案輸出。

(3) 促成投資（含通訊設備及服務建設） 500 億元、WiMAX 設備產值成長至 1,300 億元、創造國內 WiMAX 應用服務商機達 270 億元、WiMAX 終端設備全球市占率達 90%以上，並達成整體解決方案輸出。

（九）高等教育輸出

1. 推動背景

2010 年我國境外學生（含學位生、華語生、僑生、交換生、海青班學生及陸生等）約 4.5 萬人，占總學生人數的 3.33%，不僅遠低於美國、英國、法國、澳洲等先進國家，亦不及鄰近亞洲國家，如日本 13.3 萬人、新加坡 9 萬人、馬來西亞 8 萬人及韓國 7.6 萬人等，顯見我國在招收境外學生方面仍有相當大的成長空間。

為因應全球人口老化及少子女化現象，歐、美等傳統高等教育輸出大國，以及日、韓、新加坡與中國大陸等亞洲新興高等教育輸出國家，均積極提出招收境外學生及學成留才之具體措施。臺灣具備優質高等教育及精緻之華語研習環境，確具吸引境外學生來臺留學或研習之利基。

鑑於擴大招收境外學生可促進高等教育國際化全面性發展、厚植國內產業全球化布局人才資源、紓解國內人口老化及少子女化等問題。教育部爰擬具「高等教育輸出—擴大招收境外學生行動計畫」，期打造臺灣成為東亞高等教育重鎮。

2. 策略重點

(1) 精進在臺留學友善環境：精進大學校院全英語授課環境、建立境外學生事務行政支援體系、簡化放寬境外學生申請入學、在校工讀及畢業留臺相關規定、經營境外學生網路社群，促進僑外生參與專業實習。

(2) 強化臺灣高等教育優勢行銷：建構留學臺灣宣傳全球佈局、深耕東亞學子來臺留學利基、推動國際人士及學生來臺短期研習華語，瞭解臺灣高等教育優勢，進而建立留學臺灣口碑。

3. 推動目標

(1) 2014 年境外學生可達 8.7 萬人，占大專校院在學生人數逾 6.8%。

(2) 2020 年境外學生達 15 萬人，占大學在學生人數 10%。

（十）高科技及創新產業籌資平臺

1. 推動背景

臺灣為全球科技重鎮，科技產業鏈完整，業形成群聚效果，電子類股市值占所有上市（櫃）企業約達 55%，成交值約占 70%。而依據 WEF 全球競爭力報告，臺灣產業群聚發展指標，2007 年至 2009 年連續 3 年排名全球第一，復因我國資本市場具有資本市場國際化程度高、金融業籌資服務完整、市場交易活絡、地理位置優越等競爭優勢，具有發展成為區域籌資中心之潛力，政府爰擬具「高科技及創新產業籌資平臺」計畫，將強化資本市場既有優勢下，吸引全球高科技與創新事業來臺上市（櫃），並配合國家整體產業發展政策，建構一個資金充沛、流動性高、具國際競爭力之資本市場。

2. 策略重點

(1) 改善證券法規制度：包括研修證券交易法、推動國內會計準

則與 IFRS 接軌、與國外證券市場合作強化跨國監理機制、強化外國企業資訊揭露及改善退場機制、研議放寬外國企業股票面額規範等。

(2) 擴大市場規模：包括制訂合理具競爭力之上市（櫃）標準及便利之審查機制、持續擴大國際債券市場規模、吸引外國資金在臺交易、適時檢討金融商品賦稅、提供多元化金融商品、擴大證券期貨業業務範圍及產品種類等。

(3) 吸引優質策略性產業上市（櫃）：證交所與櫃買中心於上市（櫃）審查過程將加強審查申請企業財務、業務之健全性，並優先推動擁有關鍵技術之企業來臺上市（櫃），以補強我國產業鏈之缺口。

(4) 擇訂重點產業推動其上市（櫃）：證交所與櫃買中心將參酌政府推動之六大新興產業、新興智慧型產業及重點服務業等政策，作為重點推動上市（櫃）之產業。

(5) 協助推動無形資產評價俾創新產業上市（櫃）：會計基金會將持續研訂有關無形資產評價準則等相關公報，並加強宣導以協助創新事業上市（櫃）。

(6) 強化金融人才培養：包括培訓跨領域及國際化金融人才及積極延攬外籍專業金融人才。

(7) 積極對外行銷等措施：包括與國際媒體合作，塑造臺灣資本市場整體形象、舉辦國內外企業及專業投資機構之招商及宣導行銷及與外交部駐外單位合作辦理海外宣導活動，吸引海外優質企業來臺上市（櫃）等。

3. 推動目標

(1) 吸引外國企業來臺上市（櫃）與國際資金來臺投資，擴大臺

灣資本市場規模。

(2) 藉由改革我國資本市場之制度與環境，強化市場服務，提升資本市場競爭力。

(3) 帶動國內證券及相關周邊產業（如會計師、律師）之發展，增加相關產業之就業與產值。

(4) 藉由吸引外國科技業來上市（櫃）帶動我國科技產業發展。

(5) 透過上市（櫃）家數之增加與擴大市場動能，提升上市櫃股票成交值，並進一步增裕證券交易稅等相關稅收。

四、黃金十年　國家願景

2012 年是馬政府的第二任期，在 2011 年競選連任期間，適逢中華民建國百年，政府著手規劃「黃金十年　國家願景」計畫，將成長驅動模式從「效率導向」邁向「開放創新」、政策關照模式從「GDP」邁向「GNH 國民幸福總量（GNH, Gross National Happiness）」、國力擴展模式從「硬實力」擴及「軟實力」與「巧實力」、以及經貿拓展模式從「自力發展」到「策略聯盟」。

除了愛臺 12 建設、六大新興產業、四大智慧型產業、十大重點服務業之外，「黃金十年」也宣示開展第三波經濟自由化、規劃自由經濟示範區、鬆綁企業經營投資相關法規、建設海空樞紐、加速經貿結盟、開拓新興市場商機、加強兩岸產業價值鏈合作，以及深化友善國際，其中，在加速經貿結盟方面，將推動經濟合作協議（ECA）、加入跨太平洋經濟夥伴（TPP）、積極進行 ECFA 後續協商等，可說是馬政府八年施政重點的總結。

參、蔡政府：5+2 產業創新計畫

　　2016 年蔡英文就任總統，這是民進黨第二次上臺執政。經歷過扁、馬兩位總統超過 10 年的任期，臺灣經濟結構仍以 ICT 產品代工出口為主。這個穩定而高效率的製造實力，歷經 2008 年全球金融海嘯後歐美的「再工業化」、中國大陸本土供應鏈成形，以及數位經濟興起，科技巨擘如 Microsoft、Apple、Google 等逐漸站上主流地位，仍是臺灣產業站穩世界舞臺的關鍵。

　　同時，這似乎也是臺灣遲遲無法出現下一代主力產業的原因：資金、人才、社會與政府資源，都集中到了 ICT 產業。雖然馬政府後期在張善政擔任行政院副院長及院長期間，極力推動大數據與工業 4.0 相關計畫[11]，但未滿一年即因政權輪替而告終。蔡政府上臺後，推動「5+2 產業創新計畫」，強調從在地需求、國內市場出發，重視經濟成長果實的公平分配，茲將其策略思維及推動重點分述如下：

---

[11] 張善政在 2015 年 6 月 4 日出席行政院生產力 4.0 科技發展策略會議開幕致詞時表示，德國在 2012 年提出「工業 4.0」作為落實 2020 高科技戰略的十大未來計畫之一，整合資通訊軟、硬體、結合物聯網並建置虛實化系統（Cyber-Physical System，CPS），打造智慧工廠；美國則是啟動 AMP 計畫，將先進製程拉回美國。張善政指出，不論是德國、美國甚至是其他國家，為了提升原本的製造業，透過大數據分析技術，將資通訊發展趨勢與製造業做深度的整合，讓製造業不只做到自動化，更要做到智慧化，這其中，也牽涉到所有的物聯網裝置、雲端、大數據分析、行動通訊以及未來社交媒體的應用在內。
當全球正運用網實整合智慧製造的技術，張善政認為，臺灣從過去到現在都以製造業為主，面對這樣的國際發展趨勢，必須有所回應。而臺灣不用工業 4.0 而用「生產力 4.0」作為下一階段科技發展的主軸，是因為包括商業服務業以及農業。所謂的生產力從 1.0 到 4.0，其實就是臺灣產業發展進化的過程，從最早的 1.0，指的是生產製造程式化；到 2.0 就是生產製造整線電腦化；臺灣目前處於生產力 3.0 的模式，除了生產製造電子化外，也包含導入企業資源規劃系統（ERP）及製造系統數位化。但若要進一步做到下一步的生產力 4.0，則需要納入現在所有資通訊科技，以及智慧化彈性（客製）生產系統在內，才能夠達到生產力數位化以及機器聯網化（M2M）。

一、核心價值

打造以「創新、就業、分配」為核心價值、追求永續發展的新經濟模式,以「創新」驅動產業轉型,進而吸引產業投資,為經濟成長注入新動能,並兼顧就業、薪資、所得分配、區域平衡等多元目標,讓經濟發展的果實為全民所共享。

二、策略思維

根據世界經濟論壇(World Economic Forum, WEF)資料,臺灣經濟已超越「要素驅動」、「效率驅動」發展階段,自 2011 年起正式邁入「創新驅動」階段。因此,針對臺灣未來發展的需要,政府推動「亞洲‧矽谷」、「智慧機械」、「綠能科技」、「生技醫療」、「國防」、「新農業」、「循環經濟」等產業創新計畫,透過「三大連結」及「四大策略」,激發產業創新風氣與能量,進而帶動產業全面轉型升級。

三、三大連結

(一)連結未來
掌握下一世代的產業發展趨勢,並依據臺灣的條件與優勢,規劃產業創新研發計畫,以「創新」帶動既有產業升級與進化。

(二)連結全球
依據所規劃之策略性產業特性,加強與重點國家技術、人才、資金、市場的合作與連結。

（三）連結在地

中央與地方合作，串連各地產業聚落及研發能量，促進跨領域創新與跨區域整合，並以臺灣的在地需求，作為產業的先期市場與試驗基地，再推廣到國際市場。

四、四大策略

（一）內需引導

由內需引導創新，透過資金、技術及人才緊密結合，進而連結全球，培養國際級企業。

（二）在地特色

以在地需求為起點，結合地區優勢及發展條件，發展特色產品。

（三）服務含量

以傳統的硬體製造能力創造服務含量；製造為體，服務為用。

（四）系統工程

由傳統的單件製造轉向系統整合。

五、5+2 產業創新計畫

（一）亞洲‧矽谷

1. 推動背景

為掌握物聯網等下一世代產業發展之契機，帶動國內產業轉型與升級，行政院於 2016 年 9 月 8 日通過「亞洲‧矽谷推動方案」，啟動從 IT 到 IoT 的全面轉型升級發展計畫，將建立以研發為本的創新創業生態

系，並透過「推動物聯網產業創新研發」及「健全創新創業生態系」2
大主軸積極推動，希望能讓臺灣連結矽谷等全球科技核心聚落，並成為
亞太青年創新與創業發展基地。

2. 策略重點

(1) 體現矽谷精神，強化鏈結亞洲，健全創新創業生態系：透過
活絡創新人才、完善資金協助、完備創新法規、提供創新場
域，完善創新創業環境。

(2) 連結矽谷等國際研發能量，建立創新研發基地：成立創新研
發中心，做為單一服務窗口，整合矽谷等創新聚落，引進創
新能量，積極參與國際制定物聯網標準及認證機制。

(3) 軟硬互補，提升軟體力建構物聯網完整供應鏈：挹注創新能
量與學術資源，提升軟實力；建構物聯網生態體系，布局物
聯網技術缺口；引導國內硬實力跨入軟體應用，積極促成學
研機構物聯網研發成果產業化。

(4) 網實群聚，提供創新創業與智慧化多元示範場域：鏈結中
央、地方及國際企業進行場域實證，強化軟硬整合與系統布
局能力，建構亞太物聯網試驗中心，推動智慧應用服務示範
計畫，並優先發展智慧物流、交通、醫療等應用。

3. 推動目標

(1) 建立 1 個物聯網產業虛擬教學平臺。

(2) 促成 2 家國際級廠商在臺灣投資。

(3) 培育成立 3 家臺灣國際級系統整合公司。

(4) 促成 100 家新創事業成功或企業在臺設立研發中心。

(5) 我國物聯網經濟商機占全球規模，由 2015 年的 3.8%提升至
2025 年的 5%。

（二）智慧機械

1. 推動背景

為將臺灣精密機械升級為智慧機械，行政院於 2016 年 7 月 21 日通過「智慧機械產業推動方案」，規劃以臺中為核心，串聯彰化、雲林、嘉義等地區，建構智慧機械產業生態系，打造我國成為全球智慧機械及高階設備關鍵零組件的研發製造中心。

2. 策略重點

(1) 打造智慧機械之都：整合中央與地方資源，建構關鍵智慧機械產業平臺；結合都市發展規劃，提供產業發展腹地與示範場域；推動智慧機械國際展覽場域，拓銷全球市場。

(2) 整合產學研能量（訓練當地找、研發全國找）：開創新商業模式—服務客戶的客戶；推動智慧車輛及無人載具應用；加強產學研合作，培訓專業人才。

(3) 技術深化，並以建立系統性解決方案為目標：推動航太、先進半導體、智慧運輸等產業，廠與廠之間的整體解決方案；推動智慧型人機協同與機器視覺之機器人結合智慧機械產業應用；發展高階控制器，提高智慧機械利基型機種使用國產控制器比例；打造工業物聯網科技；開發智慧機械自主關鍵技術、零組件及應用服務。

(4) 提供試煉場域：強化跨域合作開發航太用工具機，並整合產業分工體系建構生產聚落；促成半導體利基設備、智慧車輛及智慧機器人之進口替代。

(5) 國際合作：強化臺歐、臺美及臺日智慧機械產業之交流。

(6) 拓展外銷：系統整合輸出；推動工具機於海外市場整體銷售方案，強化航太產業之智慧機械行銷。

3. 推動目標

(1) 發展核心及應用技術：協助業者開發智慧機械關鍵零組件，以控制器為例，4 年內將協助中高階控制器出口占比由目前約 10%，上升至約 18%，8 年後則以 30%為目標。

(2) 建立服務輸出模式：整合上、中、下游組成跨域合作結盟，4 年建立 4 個區域服務輸出模式，8 年後則以 10 個為目標。

(3) 帶動智慧機械產值年成長率倍增：智慧機械產業年複合成長率，預計至 2019 年為 2%、至 2023 年為 5%以上（相較過去 10 年之年複合成長率 2.4%，成長約 2 倍）。

（三）綠能科技

1. 推動背景

隨著全球暖化日益嚴重與傳統能源快速耗竭，世界各國莫不致力發展綠色低碳能源，進行能源戰略布局。為發展我國綠能產業，達成 2025 年再生能源發電量占比 20%之目標，行政院於 2016 年 10 月 27 日通過「綠能科技產業創新推動方案」，規劃以臺南沙崙為核心，設立綠能科技聯合研究中心及示範場域，同時以創能（太陽光電、風電等）、節能（新節電運動）、儲能（SOFC 燃料電池）及系統整合（智慧電網等）等 4 大主軸為重點，推動新能源及再生能源之科技創新，帶動新興綠能產業發展，並提升能源自主。

2. 策略重點

(1) 以太陽光電、風力發電及智慧電表等計畫誘發民間投資，帶動關聯產業發展。

(2) 推動「沙崙綠能科學城計畫」，結合產學研攜手研發相關技術，並藉由體驗式綠能科技示範場域，協助業界驗證新創技術及產品成效，以強化產業競爭力，並向外展示以開拓市

場。

3. 推動目標

(1) 太陽光電產業至 2020 年裝設達 6.5GW，產值達 5,000 億元，預估創造約 5 萬就業人口；2025 年累計裝設 20GW，估計帶動總投資額達 1.2 兆元，促進就業 10 萬人。

(2) 風力發電 2025 年累計裝設 4.2GW，帶動投資逾 6,100 億元。

(3) 住宅智慧電表裝設 2024 年將達 300 萬戶，產值約 240 億元。

（四）生技醫療

1. 推動背景

因應全球高齡趨勢，行政院於 2016 年 11 月 10 日通過「生醫產業創新推動方案」，將透過打造完善生態體系、整合在地創新聚落、連結國際市場資源、推動特色重點等策略，提升臺灣經濟與國人健康福祉，全力打造臺灣成為亞太生醫研發產業重鎮。

2. 策略重點

(1) 完善生態體系：強化人才、資金、智財、法規、資源、選題六大構面，提升創新效能。

(2) 整合創新聚落：自南港由北至南，串接生技醫藥廊帶，包含生技園區、大學、醫學中心、臨床試驗聯盟，形成南港新藥研發聚落。此外，建構以新竹生醫園區為核心，結合學研及產業之創新醫材聚落；結合精密機械提升醫材價值，發展在地特色醫材；發展利基藥品，促成傳統製藥廠升級。

(3) 連結國際市場資源：運用醫學中心、資本市場成為亞太生醫研發產業重鎮；以現代化的蚊媒傳染病防疫策略為外交合作基礎之一，架構臺灣公衛醫療南進政策發展方向與相關生技產業發展跳板。

(4) 推動特色重點產業：統整產學研醫之研發量能，發展利基精準醫學；加強轉譯醫學與特色醫療，打造國際級特色診所聚落；運用商業服務模式，統整醫療體系、健保資料庫、專業醫療人員，及資通訊技術（ICT）與製造業能量，推動健康福祉產業。

3. 推動目標

(1) 2020 年前扶植新藥於國外上市至少 10 項、高值醫材於國外上市至少 40 個、健康服務旗艦品牌至少 4 個。

(2) 2025 年前扶植新藥於國外上市至少 20 項、高值醫材於國外上市至少 80 個、健康服務旗艦品牌至少 10 個。

（五）國防產業

1. 推動背景

為推動國防自主，並結合「以經濟建構國防、以國防支援經濟」的政策方針，政府將國防產業列為重要產業創新計畫之一，規劃以航太、船艦、資安三大領域為核心，厚植現有臺中航太、高雄造艦與臺北資安三大聚落產製能量，發展高教機、無人飛行載具、潛艦等關鍵技術，並加強資安人才培訓，提升自研自製能力。

2. 策略重點：國機國造、國艦國造、國防資安

(1) 成立「專案管理產品整合團隊」，依計畫執行新式高教機、先進初教機及下一代戰機建造案相關作業，以國內合作生產為主，並引進國外關鍵技術。

(2) 以「臺灣航太產業 A-Team 4.0」為新式高教機主要供應鏈；將飛機結構零組件生產及工具設計/製造外包予國內有意願且有能量之廠商。

(3) 2018 年啟動下一代戰機發動機研發，2019 年啟動先進初教機

研製作業。

(4) 2016 至 2019 年執行潛艦國造之設計規劃。

(5) 水面艦部分進行合約設計及載臺建造，完成獵雷艦等 6 型艦艇建造案。

(6) 整建與強化資通安全基礎建設，建立多層次網路安全防護系統，並建置國軍資料中心。

(7) 跨域整合資安技術能量，培訓頂尖資安技術人才；建立資安人才議題策略研擬小組，協助資安人才養成。

(8) 藉由產學合作引導廠商投入國防產業試研製修及人才培訓，掌握國防產業設計、製造、測試及整體後勤支援之能力，建立國防產品標準系統驗證體制，並協助獲得外國認證，擴展海外市場。

3. 推動目標

(1) 國機國造：完成新式高教機、先進初教機及下一代戰機相關產業上、中、下游供應鏈整合。

(2) 國艦國造：依作戰需求，循國內採購管道辦理潛艦國造第一階段合約設計、籌建獵雷艦、高效能艦艇後續量產、新型兩棲船運輸艦、快速布雷艇及新一代飛彈巡防艦合約設計。

(3) 國防資安：整建專責資電作戰部隊，統合國軍資源，並引進資安防護科技與機制，提升資通安全實力。

（六）新農業

1. 推動背景

為因應人口結構改變、貿易自由化及跨領域科技整合，以及氣候變遷加劇影響區域農業生產，造成糧食供應不穩定及價格波動劇烈等趨勢，並回應國人對於糧食安全、食品安全、強化農民及產業風險管理能

力等議題之關注,行政院於 2016 年 12 月 8 日通過「新農業創新推動方案」,透過建立農業新典範、建構農業安全體系及提升農業行銷能力等三大主軸,建立強本革新的新農業,促進農業永續發展。

    2. 策略重點

      (1) 推動對地綠色給付:將現行稻穀保價收購與休耕補貼制度調整為對地直接給付,加速農業活化。

      (2) 穩定農民收益:增加專業農所得、照顧老農福利,推動農業保險立法,安定農業生產與農民生活。

      (3) 提升畜禽產業競爭力:提升國產生鮮豬肉品質及安全,輔導養豬場設置沼氣發電設備(施),撲滅口蹄疫及降低禽流感。

      (4) 推廣友善環境耕作:減少化學資材之使用,推廣生物防治法,加速擴大友善耕作面積。

      (5) 農業資源永續利用:進行農業及農地資源盤查;改善農業缺工及推動新農民培育計畫;推動漁業保育、環境永續、強化遠洋漁業管理,遵守國際漁業規範,以維護永續安穩的漁業資源環境。

      (6) 科技創新強勢出擊:運用跨域前瞻科技,提升生產體系抗逆境能力,強化自動化/智慧化機械設備研發及應用,發展創新節能循環農業。

      (7) 提升糧食安全:推動大糧倉計畫,提高糧食自給率。

      (8) 確保農產品安全:執行食安五環,國產食材納入國中小學校午餐,以及建立產銷履歷、與國際標章制度接軌,建立消費者可信任標章制度。

      (9) 增加農產品內外銷多元通路:建構現代化物流及交易體系,

推動新南向農業，成立臺灣國際農業開發（股）公司。

(10)提高農業附加價值：強化輔導生產專業區及推動農業中衛體系，建構區域加工專區，開創六級化產業。

3. 推動目標

(1) 提升糧食自給率達 40%。

(2) 2020 年農業產值較 2015 年增加 434 億元。

(3) 創造就業機會達 37 萬人次。

(4) 農產品海外新興市場出口占比達 57%。

（七）循環經濟

1. 推動背景

由於資源的稀缺性和環境容量限制，過去人類經濟「大量開採、大量生產、大量消費、大量廢棄」（Take, Make, Use, Dispose）之線性發展方式，已造成環境沈重的負擔。因此，國際間紛紛將循環經濟作為經濟轉型的重要方向，我國亦透過製程減廢、將廢棄資源轉化為高值材料等方式，強化循環經濟與產業轉型之結合，以達成經濟與環境衡平發展的目標。

2. 策略重點

(1) 全國循環專區試點計畫：辦理區域能資源循環利用中心規劃評估及設置，研析建立循環園區評估指標及資訊交易平臺，推動循環經濟產品應用研究，以及辦理循環園區宣導推廣。

(2) 新材料循環產業園區申請設置計畫：2018-2020 年園區報編階段將成立跨部門平臺，促進報編計畫收斂與進行，並主動進行第二階段環境影響評估，加速開發期程。2017-2020 年辦理土地取得之大林蒲遷村計畫時，將借鏡紅毛港遷村案之經驗、設置工作小組凝聚政策共識與推動遷村執行，並建立公

正公開之補償審議機制以避免相關爭議[12]。

(3) 綠色創新材料：深化產政學研合作研發投入，推動上下游產業聯盟，發展「高值新材料」及「環保低碳新材料」。

3. 推動目標

(1) 全國循環專區試點計畫：至 2020 年興建區域能源供應中心 1 座、廢棄物資源循環利用中心 1 座，以及規劃設計區域水資源回收中心 1 座；提升重點區域能資源循環利用率 2%，減少廢棄物焚化及掩埋量能 3%。

(2) 新材料循環產業園區申請設置計畫：至 2021 年將完成大林蒲遷村工作，2020 年完成「新材料循環產業園區」報編，推動國內循環經濟之發展且優化高雄產業空間。

(3) 綠色創新材料：每年協助業者投入試量產研發 2 案。

值得注意的是，2010 年「產業創新條例」制定時，極力主張取消租稅優惠的民進黨，執政後也必須尋求有力的政策工具，來落實 5+2 產業創新計畫的推動，包括：

一、2017 年 11 月公布產創條例修正條文

（一）增訂第 23 條之 1，依「有限合夥法」設立之創投事業，經核定符合一定要件者，採透視個體（transparent entity）概念課稅，其所得將區分為證券交易所得及非證券交易所得，逐由合夥人依盈餘分配比例依所得稅法申報及繳稅，以鼓勵創投投資新創。

---

[12] 大林蒲遷村是 2007 年 11 月 30 日鄰近的紅毛港地區遷村完畢後所引發的後續事件，因紅毛港設有中油大林煉油廠、臺電大林發電廠及中鋼公司，居民長期飽受空氣污染，再加上 2014 年高雄氣爆事故後，居民對住在工業管線密集處有安全疑慮，使大林蒲遷村議題持續發酵，2019 年 10 月 8 日行政院核定「新材料循環產業園區申請設置計畫」，允諾投入新臺幣 589 億元用於大林蒲遷村。

（二）參考新加坡天使投資人租稅扣除計畫（Angel Investors Tax Deduction Scheme），增訂第 23 條之 2，提供天使投資人租稅優惠。個人以現金投資於設立未滿 2 年經中央目的事業主管機關核定之高風險新創事業公司，且持有股份達 2 年者，得自個人綜合所得總額中減除，每年得減除金額以 300 萬元為限。

二、由於產創條例租稅優惠措施將於 2019 年底實施期滿，在產業界反映強烈需求下，7 月再度修正：

（一）延長租稅優惠措施 10 年，包含研發投資抵減、技術入股或創作人配股、員工獎酬孰低課稅、有限合夥創投採透視個體概念課稅、天使投資人租稅優惠，以及未分配盈餘減除規定，實施期限至 2029 年 12 月 31 日。

（二）增訂智慧機械及 5G 投資抵減，業者於 2019 年 1 月 1 日起至 2022 年 12 月 31 日止（2022 年僅 5G 適用）購置智慧機械或 5G，其金額達 100 萬元以上、10 億元以下，得以當年度抵減率 5%或 3 年內抵減率 3%抵減應納營所稅額。

（三）業者以未分配盈餘實質投資於營運所需建築物、設備及技術，將可免加徵 5%營所稅。在申報流程上，無需事先提供投資計畫專案核准，僅需於辦理未分配盈餘申報時，依規定填報並檢附投資證明文件送所在地稅捐稽徵機關，以減輕業者作業負擔。

此外，政府也從預算投入著手，2017 年公布「前瞻基礎建設特別條例」，4 年編列特別預算 4,200 億元，推動「前瞻基礎建設計畫」，包含促進環境永續的「綠能建設」、營造智慧國土的「數位建設」、因應氣候變遷的「水環境建設」、建構安全便捷的「軌道建設」、加強區

域均衡的「城鄉建設」、「因應少子化友善育兒空間建設」及「食品安全建設」和「人才培育促進就業建設」等 8 項建設。比較特別的是，過往政府提出特別預算均為公共建設計畫，惟為因應國內外新產業、新技術及新生活趨勢興起，前瞻基礎建設特別預算首次編列科技發展類預算，投入重點產業發展。

因此，科技預算獲得前瞻基礎建設經費挹注，開始明顯成長：

一、2017 年編列 1,078.5 億元，較 2016 年成長 5.6%，除「加速行動寬頻服務及產業發展計畫」29.6 億元外，其餘全數投入亞洲·矽谷、生技醫療、綠能科技、智慧機械及國防航太等五大創新產業（共 1,048.9 億元）。

二、2018 年科技預算額度為 1,001 億元，加計前瞻基礎建設特別預算（科技類別） 177.1 億元，總計為 1,178.1 億元，較 2017 年大幅成長 9.2%，投入 5+2 產業創新計畫、「數位國家 創新經濟發展方案（DIGI+方案）」及「加速智慧科技產業發展行動計畫」（半導體晶片、AI 人才等）。

三、2019 年科技預算為 1,163 億元，較 2018 年成長 5.12%，其中 976 億元為科技預算額度，187 億為前瞻基礎建設（科技發展類）特別預算挹注。另考量人工智慧（AI）與太空科技發展重要性，自科發基金增撥 27.9 億元，合計科技經費 1,190.9 億元（年增 7.65%），投入 5+2 產業創新計畫、DIGI+方案、文化科技創新及「臺灣 AI 行動計畫」。

第四章　產業結構的演變

　　過去 50 多年，除了產業政策隨國內外經濟環境變化外，臺灣產業結構也出現改變，包括 1960 年代的出口導向產業、1980 年代開始的高科技產業及 1980 年代末期服務業發展等。這些結構上的改變，誠然部分是來自於政府政策主導，但更多是依循著經濟發展而出現自然調整的結果。（莊奕琦、林祖嘉，2007）

壹、生產結構

　　臺灣的經濟發展，首先由農業轉型為以製造業為主的工業生產結構。1965 年農業占 GDP 比重為 18.66%，製造業只有 14.88%，經歷第一次能源危機（1973 年）後，1975 年農業 GDP 占比重已降至 9.52%，製造業比重則增加為 24.86%，短短 10 年間農業比重減少了一半，而製造業的比重則增加了一倍，順利完成工業化。此後農業比重持續下降，製造業穩定發展，占 GDP 比重在 1985 年高達 31.11%。之後臺灣逐步進入後工業化時期，2000 年製造業比重一度降至 24.02%，但 2015、2020 年又回升到 30%以上，顯示製造業在臺灣經濟發展歷程中，仍佔有相當重要的地位。

表 3-2　臺灣產業產出結構變動

單位：%

	合計	農業	工業（製造業）	服務業
1965	100	18.66	25.08（14.88）	56.26
1970	100	13.61	31.29（22.13）	55.10
1975	100	9.52	34.86（24.86）	55.62
1980	100	6.61	39.16（29.69）	54.23
1985	100	5.17	38.50（31.11）	56.33
1990	100	3.58	34.14（27.53）	62.28
1995	100	2.57	30.89（24.04）	66.53
2000	100	1.85	29.22（24.02）	68.94
2005	100	1.44	29.36（25.14）	69.21
2010	100	1.60	33.78（29.06）	66.82
2015	100	1.69	35.27（30.20）	63.04
2020	100	1.65	36.84（31.72）	61.51

資料來源：行政院主計總處

　　1961 開始的快速工業化階段，奠定了以製造業為基礎的產業結構，同時建立了紮實的製造能力，結構也不斷升級。從表 3-3 可看出，1985 年電子及電力機械業（含電子零組件業、電腦電子產品及光學製品製造業、電力設備及配備製造業）在製造業的比重只有 13.5%，至2005 年已大幅增加至 41.2%，位居製造業的龍頭產業。同一時期的傳統產業，如紡織業和成衣服飾業分別由 9.2%和 6.0%下降至 2.6%和0.8%，顯示臺灣製造業已轉型為以高科技產業為主導的結構型態。

表 3-3　製造業結構變動（以國內生產毛額分）

單位：%

	1981	1985	1990	1995	2000	2005	2010	2015	2020
食品及飼品製造業	7.0	7.0	5.4	4.7	2.9	2.2	2.4	2.3	3.0
飲料及菸草製造業	6.0	5.8	4.8	3.9	2.7	2.0	1.9	1.6	1.9
紡織業	10.2	9.2	7.0	5.1	4.8	2.6	2.0	2.0	1.7
成衣及服飾品製造業	5.8	6.0	3.9	1.8	1.6	0.8	0.7	0.7	0.6
皮革、毛皮及其製品製造業	3.7	4.5	2.5	1.0	0.6	0.4	0.4	0.3	0.3
木竹製品製造業	1.9	1.7	1.2	0.7	0.3	0.3	0.2	0.2	0.2
紙漿、紙及紙製品製造業	3.1	2.8	2.5	2.2	1.8	1.4	1.2	1.0	1.1
印刷及資料儲存媒體複製業	1.4	1.1	1.5	1.2	0.9	1.1	0.9	0.8	0.8
石油及煤製品製造業	3.7	3.7	3.5	6.4	5.1	6.8	3.7	2.9	2.8
化學材料製造業	6.0	7.3	6.7	8.5	6.3	8.3	8.3	6.2	6.9
其他化學製品製造業	0.9	1.1	1.5	1.6	1.6	1.3	1.4	1.6	1.6
藥品及醫用化學製品製造業	0.4	0.5	0.6	0.7	0.7	0.8	0.9	0.8	0.9
橡膠製品製造業	1.0	1.1	1.1	1.1	1.1	0.9	0.8	0.9	0.8

塑膠製品製造業	3.6	4.5	5.6	5.2	3.7	2.6	2.2	2.4	2.6
非金屬礦物製品製造業	5.5	4.1	4.7	5.2	3.3	3.2	3.3	2.2	2.0
基本金屬製造業	4.5	4.7	5.8	5.9	6.0	5.1	6.0	4.7	4.9
金屬製品製造業	4.4	5.3	6.6	7.6	7.5	5.8	5.6	6.0	6.1
電子零組件製造業	4.1	4.3	6.5	10.5	21.4	28.5	31.1	36.6	36.7
電腦、電子產品及光學製品製造業	4.4	4.7	6.2	7.0	9.9	9.9	12.0	11.8	10.1
電力設備及配備製造業	4.4	4.5	4.9	4.4	3.2	2.8	3.3	3.0	2.8
機械設備製造業	2.9	2.7	4.0	4.0	4.5	4.5	4.7	5.0	5.1
汽車及其零件製造業	3.3	2.6	4.3	4.0	3.6	3.9	2.6	2.8	2.4
其他運輸工具及其零件製造業	3.6	2.9	3.2	3.0	2.4	1.8	1.8	1.8	1.9
家具製造業	1.4	1.1	1.3	1.1	1.0	0.5	0.4	0.4	0.4
其他製造業	6.8	6.6	4.9	3.3	3.0	2.4	2.2	2.1	2.5

資料來源：行政院主計總處，本研究整理。

貳、出口結構

產業結構的轉變也反映在出口結構上。從表 3-4 可看出，高勞力密集產品比例由 1985 年 45.9%下降為 2005 年 28.2%，而高資本密集度或高技術密集產品之比重則分別由 26.9%與 18.3%升至 43.0%與 53.9%，此後占比亦持續穩定上升。

表 3-4　臺灣出口結構的變動

單位：%

	勞力密集度			資本密集度			技術密集度		
	高	中	低	高	中	低	高	中	低
1982	47.2	30.8	21.9	26.9	45.4	27.6	18.3	32.6	49.1
1985	45.9	35.6	18.5	24.5	48.7	26.8	18.8	33.6	47.6
1990	41.0	38.3	20.7	28.9	50.5	20.5	26.7	38.6	34.7
1995	36.4	40.6	23.0	31.9	56.5	11.6	36.5	41.4	22.0
2000	37.6	41.2	21.2	28.1	64.4	7.5	42.5	43.2	14.3
2005	28.2	36.1	35.7	43.0	47.2	9.8	53.9	34.5	11.6
2010	31.7	43.3	25.0	62.1	34.3	3.5	60.7	32.6	6.6
2015	31.9	48.8	19.3	59.0	36.7	4.3	60.3	32.0	7.7
2020	25.5	58.2	16.3	60.9	35.6	3.5	68.5	25.1	6.4

資料來源：財政部進出口貿易統計

註：本項統計資料自 1982 年開始

依經濟部國際貿易局（2019）資料，我國出口主力為電機設備及其零件（HS85）（如：積體電路、記憶體、處理器及控制器），和機械

用具及其零件（HS84）（如：渦輪噴射引擎、筆記型電腦與平板電腦），其占出口比重在過去 10 多年間持續提升，2018 年分別達到 43.0%及 12.1%。

莊奕琦、林祖嘉（2007）指出，臺灣產業及出口結構約在 1987 年左右開始出現明顯變化，主要原因有三：

1. 新臺幣大幅升值，由 1986 年初的 39.8：1 上升到 1988 年底的 28.1：1。新臺幣大幅升值的結果，使得許多原先以出口勞力密集型產品為主的中小企業無法生存，因此低附加價值的勞力密集型產品出口逐漸萎縮，臺灣出口結構被迫往高附加價值的產品方向調整。

2. 1987 年間政府開放臺商赴中國大陸投資，許多勞力密集型的中小企業由於在臺灣勞動成本升高、投資環境轉變，無法繼續生存，於是將生產與出口都轉移到中國大陸。在此同時，由於大陸臺商需要向臺灣母公司購買更多生產所需的原物料，於是留在臺灣的臺商就必須投入更多資本與技術來大量生產原物料供大陸臺商使用。結果是臺灣高資本或高技術密集產品的產值與出口比例開始大幅提升。

3. 臺灣金融產業於 1980 年代末期快速自由化，尤其是 1986 年利率自由化、1988 年匯率自由化、以及 1991 年成立大量民營銀行等。金融市場的快速成長，使服務業占 GDP 比重逐漸擴大，2005 年達到近七成。近年雖有回落的情形，但仍維持在六成以上。

參、就業結構

從雇用人數結構來看，大致變動趨勢和生產結構相似（參見表 3-5），惟幅度有所差異。1980 年製造業雇用人數佔總雇用人數比例為 32.87%，與其占 GDP 比重 29.69%相差不大，此後占比雙雙下滑，2000 年製造業占 GDP 比重降至 24.02%，雇用人數占比則降至 27.97%。

值得注意的是，2000 年以後製造業比重又緩步回升，然雇用人數占比卻一路下降，顯示製造業雖然創造了高產值，但並沒有發揮同等吸納就業的效益。這或許跟我們主力產業的特性有關。

表 3-5　臺灣產業的就業結構

單位：%

	合計	農業	工業（製造業）	服務業
1965	100	46.50	22.30（16.30）	31.20
1970	100	36.70	28.00（20.90）	35.30
1975	100	30.40	34.90（27.50）	34.70
1980	100	19.51	42.52（32.87）	37.99
1985	100	17.46	41.57（33.67）	40.98
1990	100	12.85	40.83（32.03）	46.32
1995	100	10.55	38.74（27.08）	50.71
2000	100	7.80	37.24（27.97）	54.98
2005	100	5.94	35.79（27.42）	58.27
2010	100	5.24	35.92（27.27）	58.84
2015	100	4.95	36.03（27.00）	59.02
2020	100	4.76	35.43（26.43）	59.80

資料來源：國家發展委員會《重要統計資料手冊》

肆、資通訊（ICT）產業的特殊地位

　　以產業政策的角度而言，工業部門（尤其是製造業）一直是「獎勵投資條例」、「促進產業升級條例」及「產業創新條例」重點協助的項目，享有許多租稅優惠。尤其自 1980 年代開始，獎勵重點從鋼鐵、石化等資本技術密集產業轉為機械、電子資訊產業，1990 年代進一步轉為資通訊、消費性電子、半導體等十大新興工業。

　　走筆至此，就不能不提到資訊與通信科技（Information and Communication Technology，簡稱 ICT）產業在我國經濟及產業結構中的特殊地位。依行政院主計總處的定義，我國 ICT 產業範圍包括：「CR.電子零組件製造業」、「CS.電腦、電子產品及光學製品製造業」、「JB.電信業」及「JC.電腦相關及資訊服務業」4 中業。為衡量 ICT 產業對經濟社會所帶來的改變及影響，主計總處參考 OECD 及美、韓等主要國家彙編方式，自 2010 年起編算相關統計。從表 3-6 可看出，ICT 產業對我國經濟成長的貢獻度在 2005 年以後幾乎與占 GDP 比重七成的服務業並駕齊驅，2015 及 2020 年甚至超越服務業，其重要性及特殊性可見一斑。

　　表 3-7 更可明顯看出，近年 ICT 產業占 GDP 比重持續增加，占全國產業投資的比重亦突破三成。ICT 產業本就是資本密集的產業，加以我國廠商以製造代工的經營策略為主，偏好採取快速投資擴充產能的模式，於是成為我國產業投資的主力（蔡美娜，2012）。

表 3-6　臺灣產業對經濟成長貢獻度

	GDP	農業	工業 （ICT 產業）	服務業
1983	9.02	0.24	5.37（1.10）	3.76
1985	4.81	0.08	0.55（-0.19）	3.71
1990	5.54	0.04	-0.02（0.58）	5.32
1995	6.50	0.13	1.87（1.22）	4.50
2000	6.31	0.05	2.14（2.60）	4.24
2005	5.38	-0.07	2.55（2.07）	2.68
2010	10.25	0.04	6.70（3.34）	4.24
2015	1.47	-0.14	0.33（0.71）	0.76
2020	3.11	0.02	2.18（2.35）	0.74

資料來源：行政院主計總處

表 3-7　ICT 產業生產毛額與固定資本形成

單位：%

	占 GDP 比重	占全體產業固定資本形成比重
2012	15.37	29.47
2013	16.00	30.98
2014	17.66	30.33
2015	17.68	31.64
2016	17.89	33.37
2017	18.02	31.91
2018	17.52	31.83
2019	17.12	34.11

資料來源：行政院主計總處

　　黃仁德、胡貝蒂（2006）指出，由工業部門在臺灣經濟成長、產業投資及出口所扮演的重要角色，可以了解政府持續給予工業部門租稅獎勵的原因。傾國家資源，以租稅減免、研發補助、金融協助等工具，協助策略性產業發展，在「挑戰 2008：國家發展重點計畫」投入兩兆雙星等產業達到高峰。即使 2010 年「產業創新條例」立法，取消所有產業別獎勵，馬政府大力推動十大重點服務業、製造業服務化等政策，依舊沒有動搖 ICT 產業的主力地位。到蔡政府時期，半導體產業已成臺灣的「護國神山」。

第五章　結論

　　我們很常聽到一種說法，在孫運璿、李國鼎的年代，由於挑選策略性產業的眼光精確，造就了臺灣的經濟奇蹟。言下之意，彷彿現今的政府一代不如一代，缺乏遠見又沒有執行魄力，因此讓臺灣經濟陷入低迷。

　　我們也很常聽到另外一種說法，國民黨政府的產業政策，就是讓產業結構向高科技產業、大財團傾斜的元兇，重北輕南，又鼓勵對中國大陸投資，造成產業空洞化。民進黨的產業政策，重視公平分配、照顧中小企業和地方發展。

　　然而，回顧臺灣產業政策的沿革，這樣的說法不但流於二分法，而且是有失公允的。在臺灣經濟發展早期，以政府之力，固然能夠主導少數重點產業發展，但臺灣畢竟是小型開放經濟體，尤其經過 1990 年代自由化的歷程後，政府已逐漸從主導地位退下，成為輔助民間的角色。而臺灣產業，尤其是 ICT 產業，在走向國際市場，成為全球供應鏈的一員時，與國際景氣連動的後果就已經決定了。當 ICT 產業在經濟成長、產業投資及出口占有全面性的主導地位時，單憑政府也難以扭轉這條發展路徑。

　　在臺灣人暱稱半導體產業為「護國神山」的現今，我們很難想像，同樣以 ICT 為主的產業、投資與出口結構，在馬政府執政的 2008 到 2016 年期間，是如何被質疑、攻擊，被視為臺灣經濟「貧血式成長」

的主因[1]。在經歷 ICT 產業汰弱留強、重整轉型之後,或許我們該用實然的角度去看待,無須歸因於一人或一黨,而這就是產業和經濟發展自然的過程。

---

[1] 出自蔡英文 2015 年 12 月 22 日出席「臺灣經濟發展論壇」致詞,她指出,近年臺灣經濟陷入貧血式的低度成長,國際大環境轉壞固然是一個原因,也經常被政府當成藉口,但是臺灣經濟不好,不只是短期景氣循環的問題,而是長期結構性問題所造成。她認為,臺灣經濟的發展模式出了問題,經濟成長太過依賴出口,出口產業又高度集中在資通訊產業,出口型態又是「臺灣接單、海外生產」、以中國大陸為主要工廠的代工出口模式。這個在過去習以為常的經濟成長模式,今天已經走到了極限,如果不作根本的調整,將無法支撐下一階段的經濟成長,也無法改變低成長、低薪資、低就業的困局。

參考文獻

1. 交通部運輸研究所，產業創新條例相關議題之研析，2011 年。

2. 洪國棟，近年來中央政府科技預算編列用途分析及審議作業機制調整之研究，科技部 107 年度自行研究報告，2018 年。

3. 莊奕琦、林祖嘉（2007），臺灣產業結構變化分析與因應策略：去工業化與空洞化之剖析，臺灣經濟研究院「當前臺灣經濟面臨之議題研討會暨論文集」，2007 年。

4. 黃仁德、胡貝蒂，**臺灣租稅獎勵與產業發展**，聯經出版公司，2006 年。

5. 蔡美娜，由統計數據看國內製造業的問題與挑戰，主計月刊第 681 期，2012 年。

6. 戴肇洋，以宏觀的思維推動產業創新條例立法之研議，經濟部投資業務處**臺商 e 焦點**，第 148 期，2010 年。

專文 1
我國製造業附加價值率之
研析 [1]（2001~2006）

[1] 原文刊載於經濟部研究發展委員會《國內外經濟情勢分析》97 年 1 月號。

第一章　緒論

　　隨著中國大陸的經濟崛起，挾帶著低廉的勞工、廣袤的土地及加入世界貿易組織（WTO）後開放的龐大市場，引發全球經濟勢力的重整。而文化背景和地緣關係與中國大陸密不可分的臺灣，產業布局首當其衝，勞力密集與低附加價值產業不斷外移，甚至衝擊總體經濟，2001年我國首次出現了 50 年以來的經濟負成長（-2.17%）。

　　全球化浪潮既已勢不可擋，為避免產業外移速度過快造成空洞化，當務之急便是推展國內既有之優勢產業及扶植新興產業。2002 年行政院提出「挑戰 2008：國家發展重點計畫」，將兩兆雙星（半導體、影像顯示、生物科技、數位內容）產業列為發展重點，其中「兩兆」即指半導體及影像顯示兩項產業產值將各達 1 兆元以上。

　　然而，以「產值」評估產業規模與發展狀況，並無法反映該項產業對經濟成長的貢獻與影響。國內生產毛額（GDP）係以各生產階段的附加價值（Added Value）加總而成，而附加價值係以產值扣除中間投入成本後計算得出，是以產值高之產業，未必具有高附加價值，其發展也未必反映在經濟成長率上。這其中牽涉的政策意涵，包括高科技產業是否等同於高附加價值產業？若非，則是否該取消對高科技產業的政策補貼？當產業發展成熟並開始外移，國內是否有足以銜接的新興潛力產業，成就下一波經濟成長？等諸多問題，值得深思。

第二章　附加價值之定義及衡量方式

經濟理論所定義的附加價值，係指企業透過生產而新創造之價值，由產值扣除中間投入成本而得，亦即：

產值＝中間投入＋附加價值

產值係指某產出階段所生產的產品價值，包含有形的商品及無形的勞務。中間投入則是指在某產出階段，為了生產而向其他企業購買之原料、半成品或相關服務。附加價值則是指企業雇用生產要素（勞動、土地、資本、企業經營）在中間投入上所創造之產品與服務價值，是故附加價值相當於各生產要素報酬之加總，主要包括工資、租金、利息及利潤。

由附加價值角度探討何謂「高值產業」，一般多採用「附加價值率」這項指標來衡量，計算公式為：

附加價值率（％）＝附加價值÷產值×100％

然而，高附加價值率之產業是否可視為高值產業，仍有許多爭議。以服務業與製造業為例，因服務業大多使用勞動生產要素，且分工不如製造業複雜細密，中間投入比重較低，附加價值率相對較高，是否就意味著服務業具備高專業技術和高獲利呢？其實未必。因此在高值產業之認定上，附加價值率雖有參考價值，卻不能作為唯一指標。

為此，經濟部技術處委託臺灣經濟研究院進行「產業附加價值指標研究」，分析毛利率、委外加工率、研發費用率及員工薪資率 4 項輔助指標（詳表 1）結果指出，企業獲利能力（毛利率）與附加價值率呈現正相關，委外加工率則與附加價值率呈現負相關，顯示企業將生產外包

可能導致附加價值的流失；研發投入對附加價值的正向影響逐年降低，顯示企業投入資金進行研發，成果卻未能有效轉化為營業收入；員工薪資率則與附加價值率呈現顯著正相關，這也意味在發展高值產業時，人力資本是不可忽視的重要環節。

表 1　附加價值率輔助指標與計算公式

指標	計算公式
毛利率	＝營業毛利÷營業收入×100%
委外加工率	＝外包加工支出÷營業收入×100%
研發費用率	＝研究發展費用÷營業收入×100%
員工薪資率	＝員工薪資÷營業收入×100%

資料來源：臺灣經濟研究院

第三章　2001~2006 年製造業附加價值率之變化

一、整體製造業附加價值率變化趨勢

　　依行政院主計處公布 24 中分類產業附加價值率資料（詳表 2），2006 年整體製造業附加價值率為 20.90%，其中共有金屬製品製造業、橡膠製品製造業等 14 項傳統產業及機械製造修配業、電子零組件製造業、精密光學醫療器材及鐘錶製造業 3 項高科技產業[1]高於整體製造業附加價值率，而低於整體製造業附加價值率者，分別為石油及煤製品製造業（16.81%）、化學材料製造業（14.93%）、金屬基本工業（19.53%）、電力機械器材及設備製造修配業（19.41%）、運輸工具製造修配業（20.73%）、電腦通信及視聽電子產品製造業（19.16%）。

　　以變化趨勢觀之，2006 年整體製造業附加價值率較 2001 年下降 5.77 個百分點，以石油及煤製品製造業下降 16.28 個百分點幅度最大。下降幅度前 10 名產業中，高科技產業占 3 項，分別為運輸工具製造修配業（較 2001 年下降 10.11 個百分點）、機械設備製造修配業（較 2001 年下降 8.28 個百分點）及電子零組件製造業（較 2001 年下降 6.97 個百分點）。

---

[1]　目前國內對於高科技產業範圍並無統一明確之定義，本文所稱高科技產業包括：1.電腦、通信及視聽電子產品製造業、2.電子零組件製造業、3.電力機械器材及設備製造修配業、4.精密、光學、醫療器材及鐘錶製造業、5.機械設備製造修配業、6.運輸工具製造修配業。

　　就長期趨勢觀察，整體製造業附加價值率自 2001 年之 26.67%即開始下滑，以 2003 年及 2004 年下降幅度最大，分別下降 2.3 個百分點及 3.02 個百分點，2006 年則緩步回升至 20.9%；高科技產業附加價值率亦呈現類似走勢，2004 年遽降至谷底，2005 年起逐漸回升。究其原因，電子零組件產業主要係資訊電子相關產品生命週期縮短、競爭激烈導致微利化，而中間投入指數節節攀升，產出物價指數（產品售價）卻逐年下降，致使利潤被大幅壓縮，造成附加價值呈現長期下滑現象。而電子零組件產業占製造業產值比重較大，使整體製造業附加價值率亦隨之下滑。

表 2　2001~2006 年 24 中分類產業附加價值率之變化

單位：%

	2001 年	2002 年	2003 年	2004 年	2005 年	2006 年	2006 年與 2001 年相較
製造業	26.67	26.09	23.79	20.77	20.11	20.90	-5.77
石油及煤製品製造業	33.09	34.05	31.52	29.80	22.13	16.81	-16.28
金屬製品製造業	34.69	32.47	29.22	23.58	25.65	23.55	-11.14
橡膠製品製造業	39.43	38.11	30.43	25.83	28.99	28.92	-10.51
運輸工具製造修配業	30.84	29.73	25.36	18.11	23.29	20.73	-10.11
印刷及其輔助業	33.85	38.18	34.91	26.33	28.35	24.86	-8.99
機械設備製造修配業	30.22	27.61	23.11	12.68	21.35	21.94	-8.28

電子零組件製造業	28.78	27.51	25.69	21.56	23.98	21.81	-6.97
其他工業製品製造業	33.71	33.01	30.00	24.24	27.80	26.93	-6.78
塑膠製品製造業	29.35	28.88	24.81	18.65	23.48	22.92	-6.43
化學材料製造業	21.15	20.25	18.19	19.23	27.45	14.93	-6.22
紙漿、紙及紙製品製造業	26.15	25.08	23.80	22.05	22.89	21.26	-4.89
非金屬礦物製品製造業	28.92	27.08	22.98	24.96	26.25	24.92	-4.00
紡織業	27.16	26.44	24.51	23.01	23.45	23.32	-3.84
電力機械器材及設備製造修配業	22.38	20.06	18.14	13.63	19.16	19.41	-2.97
食品及飲料製造業	26.36	27.60	26.48	23.91	22.45	23.83	-2.53
菸草製造業	79.17	78.00	75.74	75.51	74.33	77.98	-1.19
家具及裝設品製造業	29.89	32.69	36.53	29.71	30.67	29.25	-0.64
精密、光學、醫療器材及鐘錶製造業	33.62	32.75	35.37	31.08	30.45	33.96	0.34
金屬基本工業	18.76	19.60	18.22	21.78	18.30	19.53	0.77
電腦、通信及視聽電	18.22	18.86	17.32	12.83	18.68	19.16	0.94

子產品製造業							
化學製品製造業	28.29	28.04	23.89	22.24	28.76	30.27	1.98
皮革、毛皮及其製品製造業	25.89	25.82	22.11	20.37	27.61	29.55	3.66
成衣、服飾品及其他紡織製品製造業	34.45	32.83	35.55	32.55	39.64	38.89	4.44
木竹製品製造業	22.67	30.29	29.53	29.80	32.51	32.85	10.18
高科技產業	25.34	24.68	22.61	17.50	22.26	21.28	-4.06

資料來源：行政院主計處

二、中間投入成本上升，造成附加價值萎縮

　　2004 年可說是近來我國產業發展非常關鍵的一年。由行政院主計處公布之物價指數資料（詳表 3）可發現，2004 年整體製造業中間投入物價指數較 2003 年增加 16.39%，產出物價指數卻僅增加 7.93%，顯示中間投入物價上漲幅度高於產品售價甚多，造成利潤萎縮，其中尤以金屬基本工業 2004 年漲幅達 32.47%影響最大，相關產業如機械設備製造修配業、運輸工具製造修配業及金屬製品製造業等亦受波及，乃因鋼鐵材料價格大漲 [2] 所致。2003 年 12 月起國際原油價格攀升，自每桶 30 美

---

[2]　由於中國大陸等開發中國家之基礎建設需求快速成長，帶動全球金屬原料價格大幅攀升。以冷軋鋼板為例，2001 年至 2004 年價格即上漲 58.7%。汽車業部分，原材料成本佔

元飆漲至 2006 年底每桶 60 美元，亦使橡膠製品製造業、石油及煤製品製造業、塑膠製品製造業等中間投入成本增加 [3]，中下游業者在市場競爭激烈、價格轉嫁不易的情況下，自行吸收部分價差，導致產業附加價值率下降。

　　深究 2004 年原油、鋼材等原材料價格上漲對各產業之影響，從行政院主計處公布之產業關聯表可得到佐證。依臺灣經濟研究院計算（詳附錄），各產業中，以使用塑膠及鋼鐵為中間投入者（如化工原料、機械、運輸工具等）受影響程度最高，其中又以鋼材替代品少、需求彈性低，其價格上漲對相關產業附加價值之壓縮，影響至深。

表 3　2001~2006 年製造業中間投入及產出物價指數之變化

基期：2001 年=100

		2001 年	2002 年	2003 年	2004 年	2005 年	2006 年
製造業	中間投入	100	101.40	109.64	127.61	132.08	144.17
	產出	100	100.18	103.67	111.89	112.32	118.33
石油及煤製品製造業	中間投入	100	106.55	126.23	154.60	204.57	254.14
	產出	100	98.26	108.52	120.25	137.61	162.63
金屬製品製造業	中間投入	100	104.80	117.53	149.08	155.57	177.13
	產出	100	101.84	110.86	126.02	129.73	135.28

総成本約 60%，而鈑金件又佔原材料成本約 30%。以此推估汽車成本上漲約 10.8%。自行車部分，國內目前使用材料以鋁合金（重量比例約 55 至 60 %）及碳纖維為主。以鋁合金二次加工件（如擠型管、型材、鍛胚）為例，由新臺幣 110~120 元/公斤持續攀升至 2007 年之新臺幣 160~180 元/公斤，漲幅約達 50%，而鋁合金車架及鋁前叉等鋁合金零件成本約占總成本 60%，因此，連帶使總成本上漲約 30%。

[3]　國際原油價格迄 2006 年底為止，一度高達每桶 78 美元，使輪胎最主要原料（如合成膠、碳黑）價格上漲兩成以上，天然膠則由於原產地天災及替代品原料短缺，價格上揚至少三成以上。

		2001 年	2002 年	2003 年	2004 年	2005 年	2006 年
橡膠製品製造業	中間投入	100	102.46	111.28	122.39	133.61	140.66
	產出	100	99.28	93.75	93.02	92.22	96.98
運輸工具製造修配業	中間投入	100	101.12	106.60	119.32	120.55	125.55
	產出	100	100.33	98.00	97.46	96.02	96.06
印刷及其輔助業	中間投入	100	96.20	100.24	105.51	103.64	105.26
	產出	100	97.70	91.88	86.00	81.91	80.32
機械設備製造修配業	中間投入	100	103.84	114.03	139.19	140.73	145.96
	產出	100	99.21	101.04	101.80	100.54	101.44
電子零組件製造業	中間投入	100	94.85	93.94	101.96	102.09	109.47
	產出	100	92.11	88.49	86.89	78.74	78.52
其他工業製品製造業	中間投入	100	100.08	103.43	115.70	118.87	127.52
	產出	100	99.46	98.43	100.36	101.45	103.78
塑膠製品製造業	中間投入	100	101.60	109.02	128.57	133.03	139.79
	產出	100	100.92	103.45	108.93	108.99	111.49
化學材料製造業	中間投入	100	103.14	120.44	151.87	164.86	185.04
	產出	100	102.72	119.43	150.19	159.85	172.89
紙漿、紙及紙製品製造業	中間投入	100	101.13	108.93	116.45	114.95	118.91
	產出	100	99.60	104.73	108.37	106.61	107.24
非金屬礦物製品製造業	中間投入	100	102.59	109.60	122.06	125.23	134.72
	產出	100	100.79	102.62	112.64	113.51	116.34
紡織業	中間投入	100	100.84	108.53	118.50	117.34	121.41
	產出	100	98.98	103.42	105.70	104.24	105.91
電力機械器材及設備製造修配業	中間投入	100	100.27	105.90	126.44	136.28	175.50
	產出	100	98.31	97.95	108.60	116.55	148.42
食品及飲料製造業	中間投入	100	102.73	109.44	122.02	119.07	119.40
	產出	100	106.38	109.32	115.40	114.52	115.73

		2001 年	2002 年	2003 年	2004 年	2005 年	2006 年
菸草製造業	中間投入	100	99.42	92.67	94.28	93.69	95.15
	產出	100	145.80	146.67	146.67	146.67	166.90
家具及裝設品製造業	中間投入	100	102.85	109.71	127.72	131.48	139.72
	產出	100	101.11	102.38	107.18	108.82	110.20
精密、光學、醫療器材及鐘錶製造業	中間投入	100	95.98	96.71	102.32	101.85	105.46
	產出	100	96.37	98.19	95.17	91.97	93.21
金屬基本工業	中間投入	100	108.08	128.73	170.53	173.89	194.93
	產出	100	110.31	129.42	175.65	180.89	204.76
電腦、通信及視聽電子產品製造業	中間投入	100	94.11	90.37	90.75	85.09	84.57
	產出	100	94.94	85.00	77.60	68.63	63.18
化學製品製造業	中間投入	100	100.42	106.58	114.24	116.85	123.47
	產出	100	98.56	98.89	98.02	100.53	102.35
皮革、毛皮及其製品製造業	中間投入	100	97.26	100.85	103.89	101.45	104.69
	產出	100	96.66	96.59	99.15	100.21	102.87
成衣、服飾品及其他紡織製品製造業	中間投入	100	99.78	101.80	107.80	107.51	109.37
	產出	100	93.36	97.82	94.71	91.36	91.62
木竹製品製造業	中間投入	100	101.97	106.44	118.13	118.79	123.72
	產出	100	103.95	112.75	115.92	114.26	118.20

資料來源：行政院主計處

觀察個別產業中間投入及產出物價變化趨勢，可歸納為以下四類：

（一）中間投入價格上漲幅度高於產品售價上漲幅度

石油及煤製品製造業、金屬製品製造業、機械設備製造修配業等使

用石油、鋼材等原物料作為中間投入的產業屬之,其中石油及煤製品製造業 2006 年中間投入物價指數竟高達 254.14,較 2001 年翻漲 1 倍以上,而產品售價僅成長 62.63%,附加價值率下降 16.28 個百分點;而主要使用鋼材為中間投入的機械設備製造修配業,2006 年中間投入物價指數亦高達 125.55,產出物價指數則在 100~101 之間微幅波動,附加價值率較 2001 年下降 8.28 個百分點。

(二)中間投入價格上漲,產品售價卻連年下滑

以電子零組件製造業、精密光學醫療器材及鐘錶製造業等產品同質性高、廠商競爭激烈,關鍵技術卻握於國際大廠之手的產業屬之,2006 年電子零組件產業產出物價指數持續下跌至 78.52,中間投入物價指數卻持續上升至 109.47,附加價值率較 2001 年下降 6.97 個百分點。

(三)產品售價下跌幅度大於中間投入價格下跌幅度

電腦、通信及視聽電子產品製造業屬之,該產業廠商不但以代工型態為主,國際前十大品牌客戶集中度,更高達 9 成以上,近年國際品牌廠商價格競爭愈趨激烈,我國廠商又削價爭取代工訂單,致使 2006 年中間投入物價指數跌至 84.57,產出物價指數僅存 63.18,而附加價值率本就不高,2001 年僅 18.22%,2004 年下跌至 12.83%,2006 年則回升至 19.16%。

(四)中間投入價格下跌,產品售價上漲

菸草製造業屬之,2006 年中間投入物價指數為 95.15,產出物價指數則上升至 166.90,附加價值率自 2001 年的 79.17%微幅下降至 2006 年的 77.98%。

三、我國廠商因應之道：提升生產效率

面對中間投入成本上漲、利潤被壓縮的艱困情勢，我國廠商以擴大產量、提高生產效率作為因應，生產力持續提升，2006 年整體製造業勞動生產力指數[4]較 2001 年成長 34.47%，其中又以電子零組件製造業成長最為顯著，短短 5 年間成長 86.98%，精密、光學、醫療器材及鐘錶製造業也成長了 74.33%（詳表 4），顯示近年來我國製造業附加價值率雖有下降，但產能擴增及生產效率提升，依然是我國廠商維持利潤的重要途徑。

表 4　2001~2006 年 24 中分類產業勞動生產力指數

基期：2001 年=100

	2001	2002	2003	2004	2005	2006
製造業	100	109.55	115.34	122.13	128.50	134.47
電子零組件製造業	100	124.40	136.29	149.90	166.62	186.98
精密、光學、醫療器材及鐘錶製造業	100	116.52	129.03	162.86	163.68	174.33
石油及煤製品製造業	100	116.13	137.04	157.03	161.80	159.34
運輸工具製造修配業	100	115.62	122.01	134.21	140.83	129.95
橡膠製品製造業	100	113.03	123.83	132.74	131.79	129.64
電力機械器材及設備製造修配業	100	116.28	121.99	131.30	128.80	123.44
化學材料製造業	100	109.56	117.09	121.39	124.18	122.72
機械設備製造修配業	100	105.76	108.41	118.00	118.72	118.44
印刷及其輔助業	100	98.79	108.15	114.44	123.49	118.08

---

[4] 勞動生產力係指在單位時間內，每一勞工所能生產之產量。

	2001	2002	2003	2004	2005	2006
金屬基本工業	100	110.85	113.24	115.55	108.79	112.85
化學製品製造業	100	102.05	110.54	112.00	107.02	107.97
其他工業製品製造業	100	104.24	108.35	106.03	111.43	107.09
皮革、毛皮及其製品製造業	100	116.16	116.03	115.78	116.59	107.00
非金屬礦物製品製造業	100	103.58	105.19	110.23	107.60	106.65
紙漿、紙及紙製品製造業	100	105.14	110.84	112.21	112.56	105.05
電腦、通信及視聽電子產品製造業	100	97.60	101.64	93.77	100.52	104.75
金屬製品製造業	100	104.17	99.27	102.69	101.09	102.66
塑膠製品製造業	100	106.22	105.89	104.53	101.54	97.54
菸草製造業	100	98.73	108.55	86.95	91.64	88.50
紡織業	100	98.45	92.57	90.47	86.33	86.35
家具及裝設品製造業	100	86.99	79.87	81.99	85.22	85.77
食品及飲料製造業	100	91.58	86.21	83.05	83.19	83.02
成衣、服飾品及其他紡織製品製造業	100	96.57	91.37	85.33	79.04	75.37
木竹製品製造業	100	90.64	76.04	69.36	64.48	67.72

資料來源：行政院主計處

值得注意的是，電腦、通信及視聽電子產品製造業勞動生產力指數自 2001 年起開始下滑，2004 年降至 93.77，與「臺灣接單、海外生產」模式的發展歷程不謀而合。依經濟部統計處公布「我國外銷訂單海外生產比重」數據，資訊通信及電機產品海外生產比重 2004 年已達 39.81%及 60.71%，2006 年持續上升至 52.65%及 76.48%（詳表 5），為全產業之冠。在「臺灣接單、海外生產」模式已成為趨勢下，電腦、通信及視聽電子產品製造業勞動生產力指數 2005 年卻開始緩步回升（100.52），2006 年持續上揚至 104.75，顯示在壓低勞動生產成本以維持利潤的營運

模式外移之後,國內新產品之開發與產能效率提升效果已逐漸顯現。2005 年起,機械設備製造修配業、電力機械器材及設備製造修配業、精密、光學、醫療器材及鐘錶製造業與電腦、通信及視聽電子產品製造業附加價值率皆由 2004 年的谷底緩步回升。

若將我國資通訊相關產品海外生產比重與產業附加價值率數據對照(詳表 6),可發現海外生產比重以 2004 年上升幅度最為明顯,整體外銷訂單海外生產比重 2004 年為 32.12%,較 2003 年之 24.03%上升 8.09 個百分點;資訊通信產品 2004 年海外生產比重為 60.71%,較 2003 年上升 15.3 個百分點。而相關產業附加價值率也在 2004 年跌幅最深,整體製造業附加價值率 2004 年較 2003 年下降 3.02 個百分點,電子零組件製造業下降 4.13 個百分點,電腦通信及視聽電子產品製造業也下降了 4.49 個百分點,顯示在中間投入價格上漲之外,企業將生產委外亦造成了附加價值的流失。所幸在 2004 年之後,海外生產比重雖持續揚升,相關產業附加價值率卻未繼續下降,出現緩步回升的態勢,顯示我國正逐漸從生產價值鏈外移、產業空洞化的疑慮中脫離。

表 5　近年我國外銷訂單海外生產比重

單位：%

貨品類別	2001 年	2002 年	2003 年	2004 年	2005 年	2006 年
合計	**16.69**	**19.28**	**24.03**	**32.12**	**36.90**	**42.31**
動植物	6.76	3.27	6.36	7.77	10.29	8.82
調製食品	4.69	7.00	7.99	9.92	8.49	1.65
化學品	1.84	1.91	2.96	20.21	27.55	32.93
塑膠橡膠	12.84	9.65	9.83	12.84	15.69	15.56
皮革毛皮	31.86	26.16	21.13	27.94	27.82	21.69
木材木製品	20.10	21.77	26.32	14.35	11.23	11.49
紡織品	13.76	13.97	17.06	18.97	20.21	21.21
鞋帽傘	37.33	36.47	31.99	19.40	25.70	30.97
石料	11.43	11.13	4.94	4.21	7.19	5.43
基本金屬	7.32	8.85	8.17	11.76	15.49	13.80
電子產品	13.34	15.09	20.11	29.55	37.05	36.02
機械	16.42	15.23	10.01	25.39	31.30	27.54
電機產品	24.99	31.41	34.93	39.81	48.10	52.65
資訊通信	25.93	34.29	45.41	60.71	73.01	76.48
家用電器	31.57	20.35	24.48	30.82	35.43	27.76
運輸工具	5.70	6.28	4.43	5.67	5.82	6.38
精密儀器	34.85	32.40	46.21	39.40	46.79	47.76
家具	34.93	30.25	36.67	40.47	41.94	35.39
玩具體育	21.38	31.50	32.45	34.55	34.48	41.24
其他	17.28	19.22	27.14	36.09	42.33	44.35

資料來源：經濟部統計處

表 6 我國產品外銷訂單海外生產比重與產業附加價值率之比較

單位：%

	2001	2002	2003	2004	2005	2006
我國產品外銷訂單海外生產比重						
合計	16.69	19.28	24.03	32.12	36.90	42.31
電子產品	13.34	15.09	20.11	29.55	37.05	36.02
電機產品	24.99	31.41	34.93	39.81	48.10	52.65
資訊通信	25.93	34.29	45.41	60.71	73.01	76.48
精密儀器	34.85	32.40	46.21	39.40	46.79	47.76
我國產業附加價值率						
製造業合計	26.67	26.09	23.79	20.77	20.11	20.90
電子零組件製造業	28.78	27.51	25.69	21.56	23.98	21.81
電力機械器材及設備製造修配業	22.38	20.06	18.14	13.63	19.16	19.41
精密光學醫療器材及鐘錶製造業	33.62	32.75	35.37	31.08	30.45	33.96
電腦通信及視聽電子產品製造業	18.22	18.86	17.32	12.83	18.68	19.16

資料來源：行政院主計處、經濟部統計處

四、營業利益率並未衰退

從相關產業上市公司發布之營業利益率 [5] 統計資料（詳表 7）可發現，2001~2007 年（1~9 月）大致維持在 6%~8%之間，2004 年無論整體產業或電機機械、電子工業類，營業利益率甚至高於其他年度，與近年

---

[5] 營業利益率＝（營業毛利－營業費用）/營業收入×100%

附加價值率之走勢並無明顯相關性，此或許與上市公司一般之經營體質較佳、規模較大、經營實績較好，但多數未上市之中小企業則無法得知其營業利益率有關，因此單從附加價值率之變化，尚無法斷定產業競爭力之強弱，須佐以其他指標，綜合解讀。

表 7　歷年上市公司營業利益率

單位：％

	整體產業	電機機械類	電子工業類
2001 年	3.72	4.33	5.59
2002 年	5.35	7.75	7.87
2003 年	8.17	8.00	7.48
2004 年	10.25	8.74	8.58
2005 年	7.04	7.35	6.27
2006 年	6.92	7.00	7.39
2007 年（1~9 月）	8.67	7.47	7.31

資料來源：臺灣證券交易所。

註：2007 年起，上市公司產業類別依行政院主計處「中華民國行業標準分類」第 8 次修訂，將電子工業範圍重新定義並細分為：半導體業、電腦及週邊設備業、光電業、通信網路業、電子零組件業、電子通路業、資訊服務業、其他電子業。

五、與亞洲鄰近國家之國際比較

　　觀察日、韓等國 2001~2005 年產業附加價值率，並與臺灣產業附加價值率長期走勢比較（詳表 8），日、韓之製造業、電力機械器材及設備製造修配業等之附加價值率雖有微幅下降，但下降程度不若我國明

顯，此是否意味著我國相關產業之競爭力在這段期間因為產業發生結構性的轉變，致競爭力下降，或只是因為產業特性、產業附加價值及 Business Model 不同所致，仍需要未來進一步之探討。

表 8 歷年臺日韓產業附加價值率之變化

單位：%

	2001 年	2002 年	2003 年	2004 年	2005 年
日本					
製造業	36.05	36.55	36.55	35.77	34.20
機械設備製造修配業	39.86	39.48	40.53	39.43	37.47
電力機械器材及設備製造修配業	33.37	34.98	36.51	36.72	36.25
運輸工具製造修配業	26.49	29.01	27.27	26.71	25.86
精密器械	44.80	43.87	43.03	43.88	44.91
韓國					
製造業	24.1	24.3	23.9	23.7	22.6
機械及電腦電力設備	26.4	26.4	26.0	26.8	26.0
運輸工具	22.5	21.5	21.2	20.3	19.2
臺灣					
製造業	26.67	26.09	23.79	20.77	20.11
機械設備製造修配業	30.22	27.61	23.11	12.68	21.35
運輸工具製造修配業	30.84	29.73	25.36	18.11	23.29
電子零組件製造業	28.78	27.51	25.69	21.56	23.98
電力機械器材及設備製造修配業	22.38	20.06	18.14	13.63	19.16
精密光學醫療器材及鐘錶製造業	33.62	32.75	35.37	31.08	30.45

電腦通信及視聽電子產品製造業	18.22	18.86	17.32	12.83	18.68

資料來源：日本總務廳、韓國統計廳統計

第四章 結論

　　由產業附加價值角度探討何謂「高值產業」，一般多採用「附加價值率」這項指標來衡量。然而，高附加價值率之產業是否可視為高值產業，高科技產業是否等同於高附加價值產業，仍有許多爭議。而單從附加價值率之變化，亦無法斷定產業競爭力之強弱，須佐以其他指標，綜合解讀。

　　觀察 2001 年以來我國製造業附加價值率之變化趨勢，可發現 2004 年鋼材、原油等原物料價格上漲，確實對機械設備、石油煤製品等相關產業附加價值造成衝擊。電子零組件、電腦、通信及視聽電子產品等產業則因為「臺灣接單、海外生產」模式逐漸成形，加上無法握有價格主導權，為有效降低勞動成本，將生產委外造成附加價值流失。面對原物料價格居高不下、中間投入成本劇增，末端產品價格轉嫁不易之情形，如何掌握關鍵技術和經營自有品牌，並進行有效之市場區隔，甚至提高零售端通路行銷之實力，將倍顯重要。

　　然而，上述營運策略並非一蹴可幾。這也意味著，擴充產能、提升生產效率以掌握供應鏈強大之運籌供應能力，是我國廠商面對國際競爭及政經情勢演變所走出的獨特道路，而持續發掘具高附加價值之新興產業，導引廠商將自有品牌打入大型新興市場，來提高整體產業之附加價值率，將是我國產業政策具體可行的方向。在經歷 2004 年的谷底之後，2005 年起我國製造業附加價值率開始緩步上升，顯示這項政策努力已逐漸展現成果。

後記

依據經濟部統計處資料，我國製造業附加價值率在 2011 年降至最低點（19.9%），之後逐年攀升，2016 年達到 30.1%。接下來幾年，雖然又面臨國際原物料價格上升，但產業持續研發創新，附加價值率僅微幅減少。2019 年國際農工原料價格走跌，製造業附加價值率回升至 29.9%，較上年增加 0.8 個百分點。

在國際比較方面，2011 年以來，各主要國家之製造業附加價值率多呈逐年上升趨勢，美、日、德深耕研發及自創品牌，附加價值率較高；我國與南韓附加價值率相近，2011~2018 年我國附加價值率由 19.9%增至 29.1%，提高 9.2 個百分點；南韓由 23.0%增至 27.7%，提高 4.7 個百分點，我國升幅較大。

國發會樂觀預估，隨著我國半導體產業持續投資先進製程及供應鏈在地化，2020 年製造業附加價值率可望突破 30%。對比 2006 年前後各界對臺灣製造業的憂心，可說隨著情勢變化，當年的議題也不再是議題。

專文 2

我國製造業與服務業產業關聯之淺析 [1]

[1] 原文刊載於經濟部《國內外經濟情勢分析》，99 年 3 月號。

第一章　緒論

　　產業政策向來是我國經濟施政的重要環節，從 1960 年代加工出口區的設立及「獎勵投資條例」、1980 年代科學園區的設立與推動「策略性工業」、1990 年代的「促進產業升級條例」，到 2000 年以後「重點產業」與「新興產業」的推動，大多以製造業為主體，利用大量生產、出口擴張的方式，帶動產業與經濟成長。隨著經貿環境與經濟條件的變遷，資本及技術密集型產業逐漸取代勞動密集型產業，成為目前產業結構中的主幹，其中尤以半導體及影像顯示等「兩兆」產業，體現了臺灣優秀的製造能力。

　　然而，在如此量大、質優且低成本的生產製造之後，產品附加價值率下滑、廠商利潤率被壓縮的問題，遲遲無法有效解決。在此同時，服務業占國內生產毛額（GDP）比例雖已達 7 成，卻無法維持穩定成長，對經濟成長之貢獻僅高於製造業不到 1 個百分點。在產業政策逐漸轉向製造與服務並重的時刻，如何讓這兩者互相加值與帶動，發揮整合性的效果，是值得深思的課題。

　　以下，本專文將以產業關聯的角度，重新檢視我國製造業與服務業的發展，並就其間的關聯程度與型態進行探討。

第二章　產業關聯分析

　　產業關聯表可分析整體經濟各項商品與服務的來源與去處，以及各類產業在生產與技術相互依存的關係，但因編製過程必須利用各種經濟統計資料，故目前我國產業關聯統計係配合工商業普查，每 5 年編製一次完整基本表，中間年份則另編製延長表。

　　此外，為配合產品與經營型態的變化，2006 年產業關聯表的產業部門分類依第 8 版行業標準分類作了大幅修正，並對 2001 年產業關聯表進行調整。本文所引用之數據，主要以行政院主計處發佈之「2006年產業關聯表編製報告」為準，而涉及歷年比較的部分，為求一致性，則以「2004 年產業關聯表編製報告」所列 1986~2004 年之歷史資料為準。

一、生產總值 [1]

　　製造業生產總值占國內生產總值比例在 1986 年達到 57.4%的高峰後，受新臺幣升值及勞力密集產業外移影響而逐年下降，2001 年降至42.9%；2004 年因半導體及影像顯示等「兩兆」產業興起，加以石化、鋼材等原物料價格飆漲，廠商在成本考量下提高單價，致產值大幅增

---

[1] 服務業具有供給與需求同時發生的性質，一般多以「營業額」代表服務業之生產。惟為進行製造業與服務業之比較，本文所稱「生產總值」係採行政院主計處定義，指一定會計期間內，各類生產者所生產之貨品與服務，按市場價格計算之價值（含生產過程中所必然發生之耗損）。

加，占比回升至 47.9%，2006 年微幅下降至 47.4%。

服務業方面，從 1986 年的 30.1%成長至 2001 年 47.5%為最高峰，主因係政府推動金融及電信自由化 [2]，帶動金融保險、通信服務等相關產業發展。2004 年則因房地產景氣及通信服務成長趨緩，服務業占比下降至 43.4%，2006 年受惠於批發零售及專業、科學技術服務之成長，微幅上升至 43.8%。（詳圖 1）

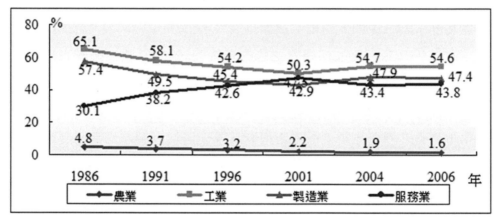

圖 1 歷年各業生產總值占國內生產總值之比重

資料來源：行政院主計處

二、附加價值

觀察製造業及服務業附加價值占整體產業附加價值比例之變化，其趨勢大致與生產總值（圖 1）相同。製造業從 1986 年 39.2%的高峰降至

---

[2] 2000 年底陸續通過金融機構合併法、金融控股公司法、行政院金融重建基金設置及管理條例等金融立法；2001 年 7 月全面開放電信市場。

2001 年的 22.8%，2004 年回升至 25.3%，2006 年再降至 22.4%；服務業由 1986 年的 47.1%上升至 2001 年的 69.0%，2004 年降至 67.4%，2006 年再回升至 70.5%。（詳圖 2）

　　同時觀察圖 1 與圖 2 會發現，歷年製造業附加價值占比均低於服務業，而其生產總值占比除 2001 年低於服務業外，其餘年份均高於服務業。此係因兩者產業特性不同，製造業生產過程必須使用原材物料等中間投入，而服務業多屬勞務之提供，價值鏈組成成分較少，且不易切割生產流程，故中間投入偏低，以生產總值減去中間投入後，製造業之附加價值必然低於服務業。

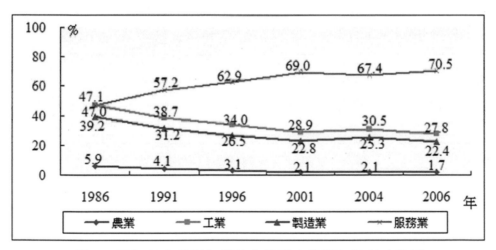

圖 2　歷年各產業附加價值占整體產業附加價值之比重

資料來源：行政院主計處

　　由圖 3 各產業附加價值率之變動，可初步看出部分服務業與製造業之關聯程度。運輸倉儲、通信服務及資訊服務附加價值率自 1996 年後明顯下降，係因 ICT 產業的技術變革與蓬勃發展，使這些服務業必須使

用更多來自製造部門的中間投入，加以同業競爭激烈，市場價格不易提升，附加價值率也隨之下降。而技術變動較不顯著，或中間投入使用相對較少的產業（如教育服務、醫療服務等），附加價值率變動的幅度較不明顯，亦顯示出此類服務業與其他產業部門關聯程度較低。

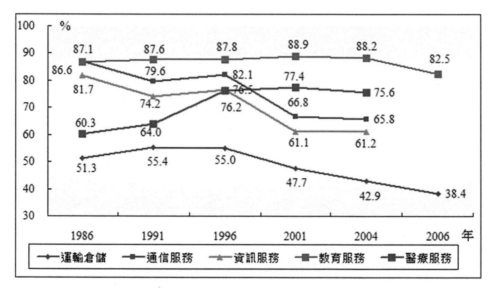

圖 3　主要服務業附加價值率之變動

資料來源：行政院主計處

註：通信、資訊與醫療服務之範圍於 2006 年產業關聯表有大幅修正，
　　故無法列入比較

　　綜觀生產總值與附加價值之變動，製造業在 2004 年「兩兆」產業興起，帶動電子零組件產業高度成長後，逐漸發展成熟，近年尚未出現新的成長動力；服務業則在政府推動金融自由化及開放電信市場等政策因素下，帶動金融及保險、通信服務等產業發展，惟近年該等產業成長趨緩，僅批發零售與專業、科學及技術服務有較為顯著的成長，顯示我

國服務業仍仰賴政府政策及製造業帶動。

三、投入係數

　　以產業投入係數作為指標，可進一步觀察各產業部門的關聯程度。從表 1 可以看出 [3]，2006 年我國製造業有一半以上的中間投入來自製造業部門（投入係數 0.5700），來自服務業部門僅約 1 成（投入係數 0.1216）；而服務業中間投入來自製造部門甚至不到 1 成（投入係數 0.0835），來自服務業部門約 2 成（投入係數 0.2130），顯示我國製造部門與服務部門成為彼此之中間投入的連結並不緊密 [4]，製造業之發展僅能帶動部分生產性服務業（如批發零售、運輸倉儲等）需求，主要關聯效果仍集中在上中下游的製造活動上，對於專業、科學及技術服務的採購（投入係數僅 0.0221）亦顯不足。此應與我國製造業仍偏重「有形產品」之投入與生產，許多應外包予服務部門的活動（如技術研發、人員培訓、市場銷售、經營管理、會計與法律諮詢等）均由企業內部自行完成有關。

---

[3]　表 1 縱行表示各產業部門之投入結構，橫列表示各產業部門產出之分配與去路。

[4]　依據 OECD Input-Output Tables(Edition 2006)，2000 年美國製造部門中間投入來自服務部門已超過三成（投入係數 0.3540），日本也已超過兩成（投入係數 0.2329）。

表 1　2006 年主要產業投入係數表

業別 中間投入	農業	製造業	服務業			
			批發零售	運輸倉儲	專業、科學及技術	服務業合計
農業		0.1641	0.0160	0.0000	0.0000	0.0001	0.0014
製造業		0.2618	0.5700	0.0404	0.2495	0.1665	0.0835
服務業	批發零售	0.0859	0.0575	0.0198	0.0606	0.0343	0.0260
	運輸倉儲	0.0090	0.0098	0.0205	0.1640	0.0118	0.0241
	專業、科學及技術	0.0029	0.0221	0.0424	0.0095	0.0418	0.0413
	服務業合計	0.1175	0.1216	0.2225	0.3504	0.2410	0.2130

資料來源：行政院主計處

四、產業關聯型態

　　當每一產業部門最終需要皆變動 1 單位時，對特定產業產品需求之總變動量，稱為「向前關聯效果」，將之標準化後稱為「感應度」。感應度高的產業，其產品多屬中間材料或服務，如礦產、化學材料、批發零售等；感應度低的產業則多供給最終消費，如飲料、家具、成衣等。

　　當對某一產業部門之最終需要變動 1 單位時，各產業必須增（減）產之數量和，稱為「向後關聯效果」，將之標準化後稱為「影響度」。影響度高的產業，其中間投入率大多較高，如鋼鐵、塑膠製品、化學製品等；影響度低的產業則多屬初級產業或服務業，如林產、不動產服務、教育服務等。（詳表 2）

表 2　2006 年主要產業中間投入率與影響度

	中間投入率（%）	影響度
化學材料	89.6	1.6761
石油及煤製品	87.5	1.1821
鋼鐵	86.4	1.5100
電腦、電子及光學產品	84.8	1.3009
金融及保險	28.2	0.5213
不動產服務	22.1	0.5101
林產	20.7	0.4811
教育服務	17.5	0.5112

資料來源：行政院主計處

　　依影響度及感應度之高低，可將各產業劃分為四類（如表 3），以四個象限示意如圖 4：

表 3　我國製造業與服務業影響度及感應度之變化

第 I 區：影響度與感應度均＞1				
	影響度		感應度	
	2001 年	2006 年	2001 年	2006 年
化學材料	1.4703	1.6761	3.8226	4.6952
其他金屬	1.3109	1.5509	1.4702	2.5464
石油及煤製品	0.9784	1.1821	2.0970	2.9080
鋼鐵	1.3864	1.5100	2.0897	2.4666
電子零組件	1.2716	1.2336	1.5164	1.4251
化學製品	1.2962	1.3962	1.0775	1.0464
紙漿、紙及紙製品	1.2500	1.1828	1.4224	1.1301
加工食品	1.2514	1.1262	1.2081	1.0125

第 II 區：影響度＜1，感應度＞1				
	影響度		感應度	
	2001 年	2006 年	2001 年	2006 年
批發及零售	0.6283	0.5659	2.2624	2.9481
專業、科學及技術服務	0.8728	0.7270	1.5281	1.3163
運輸倉儲	0.8670	0.9233	1.2310	1.0670
金融及保險	0.6242	0.5213	2.1335	1.2652
第 III 區：影響度及感應度均＜1				
	影響度		感應度	
	2001 年	2006 年	2001 年	2006 年
木材及其製品	1.0337	0.9817	0.6817	0.6548
傳播服務	0.9763	0.8856	0.7303	0.6214
藥品	1.0177	0.9485	0.6557	0.5429
住宿及餐飲	0.8571	0.7899	0.5261	0.6096
支援服務	0.6905	0.6278	0.9116	0.7698
電信服務	0.6941	0.6214	0.7894	0.6346
飲料	0.9080	0.8561	0.4213	0.3573
其他服務	0.7300	0.6645	1.1242	0.5080
不動產服務	0.5227	0.5101	0.7849	0.6359
醫療保健及社會工作服務	0.7141	0.6963	0.4625	0.3919
公共行政服務	0.6777	0.5454	0.6504	0.5122
資訊服務	0.6905	0.6373	0.5535	0.4114
藝術、娛樂及休閒服務	0.6983	0.6152	0.4505	0.3926
教育服務	0.5198	0.5112	0.4500	0.3855
菸	0.6398	0.5031	0.4486	0.3827

第 IV 區：影響度＞1，感應度＜1	影響度		感應度	
	2001 年	2006 年	2001 年	2006 年
塑膠製品	1.3099	1.4901	1.0036	0.8432
紡織品	1.3442	1.3885	1.0521	0.9135
機械設備	1.2118	1.3097	1.0001	0.9466
金屬製品	1.1990	1.2504	1.0243	0.9214
電力設備	1.2961	1.3998	0.8979	0.7323
電腦、電子及光學製品	1.4082	1.3009	0.7249	0.5236
其他運輸工具	1.2046	1.2811	0.6411	0.5434
皮革、毛皮及其製品	1.3470	1.3431	0.5473	0.4767
汽車及其零件	1.1581	1.2203	0.6849	0.5929
其他製品及機械修配	1.2176	1.1136	0.5138	0.6844
非金屬礦物製品	1.0507	1.0898	0.7302	0.6338
成衣及服飾品	1.2570	1.2782	0.4615	0.3796
橡膠製品	1.1014	1.1641	0.5635	0.4726
家具	1.1677	1.2174	0.4324	0.3749
印刷及資料儲存媒體複製	1.0134	1.0017	0.6000	0.5085

註：本表以 2006 年各產業總關聯度由大至小進行排序，黑底色部分為
　　改變象限之業別

資料來源：行政院主計處

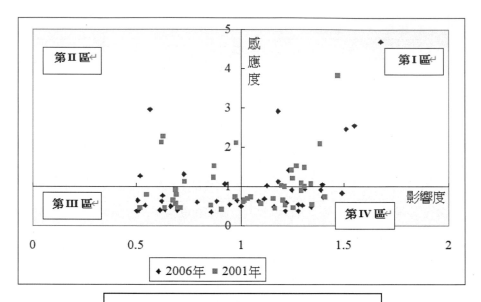

2001 年與 2006 年相較：
1.石油及煤製品由第 II 區移至第 I 區
2.木材及其製品由第 IV 區移至第 III 區
3.藥品由第 IV 區移至第 III 區
4.其他服務由第 II 區移至第 III 區
5.塑膠製品由第 I 區移至第 IV 區
6.紡織品由第區 I 移至第 IV 區

圖 4　製造業與服務業產業關聯圖

資料來源：行政院主計處

　　第 I 區產業影響度與感應度均＞1，代表其向後及向前關聯程度均大於全體產業平均值，2006 年化學材料、石油及煤製品、鋼鐵、電子零組件等產業均屬此範圍。該類型產業不僅可帶動其他產業發展，亦為配合其他產業發展不可或缺的產業，係經濟發展所必須推動之關鍵產業。

　　第 II 區產業影響度＜1、感應度＞1，代表其向後關聯程度低於全體產業平均值、向前關聯程度高於全體產業平均值，2006 年批發零售、運輸倉儲、金融保險與專業、科學及技術服務均屬此範圍。此類型產業易隨其他產業發展而起飛，多為發展其他產業不可或缺之產業。

　　第 III 區產業影響度及感應度均＜1，其向後及向前關聯程度均低於全體產業平均值，2006 年住宿餐飲、不動產服務、電信及資訊服務、醫療保健等均屬此範圍。該類型產業不易隨其他產業發展而起飛，亦不易帶動其他產業發展，為連鎖效果最低之產業。

　　第 IV 區產業影響度＞1、感應度＜1，亦即向後關聯程度高於全體產業平均值、向前關聯程度低於全體產業平均值，2006 年塑膠及金屬製品、機械設備、電腦電子及光學製品等均屬此範圍。該類型產業不易受其他產業影響，但極易帶動其他產業發展。

　　從表 3 及圖 4 亦可看出，2001 年至 2006 年間，共有石油及煤製品、木材及其製品、藥品、塑膠製品、紡織品、機械設備、金屬製品及其他服務等 8 項產業改換所屬象限。其中，塑膠及金屬製品、紡織品、機械設備由第 I 區移至第 IV 區，顯示該等產業受其他產業影響程度降低，惟仍可帶動其他產業發展；木材及其製品、藥品由第 IV 區移至第 III 區，顯示該等產業帶動其他產業發展的力道下降；石油及煤製品由第 II 區移至第 I 區，從被帶動的角色轉為帶動其他產業發展的火車頭；其他服務則由第 II 區移至第 III 區，與其他產業的關聯程度降低。

　　整體而言，服務業之影響度均＜1，部分業別感應度＞1，主要角色為支援其他產業發展，而非帶動其他產業起飛。在製造業有顯著成長之際，部分支援型服務業（如批發零售、運輸倉儲、專技服務等）亦隨之

成長 [5]；連鎖效果較低之業別（如住宿餐飲、電信服務、不動產服務等）主要須仰賴市場規模的擴大，才會有明顯的成長。

---

[5] 1996 年起，電子零組件製造業取代機械設備製造業，成為我國對中國大陸（含香港）的出口主力，對中國大陸之投資也超越紡織、食品等傳統民生工業，海外生產比重逐年提高，臺灣接單、海外生產的模式逐漸成形，也帶動批發零售、運輸倉儲、專技服務等支援型服務業發展，2006 年生產總值分別較 2001 年成長 57.70%、26.5% 及 54.3%，批發零售業對中國大陸投資金額於 2001 年突破 1 億美元，運輸倉儲及專技服務 2006 年突破 1 億美元。

第三章　結論

一、產業結構以 2001 年及 2004 年有較大幅度之調整

　　觀察我國製造業與服務業生產總值占比之變動，1986 至 2001 年間，製造業受新臺幣升值及勞力密集產業外移影響，由 1986 年的高峰 57.4%降至 2001 年的 42.9%，服務業則受惠於政府推動金融及電信自由化，占比由 30.1%一路升至 2001 年的 47.5%；2004 年「兩兆」產業興起，加以石化、鋼材等原物料價格飆漲，製造業占比回升至 47.9%，服務業則因房地產景氣及通信服務成長趨緩，占比降至 43.4%；此後產業結構僅有微幅變動。

二、製造業仍偏重於「有形」產品之投入與產出

　　觀察 2006 年我國產業投入係數，製造業有一半以上的中間投入來自製造部門，來自服務部門僅約 1 成，顯示製造業所引發的關聯效果主要是在上中下游的製造活動上，對服務部門的採購以運輸倉儲、批發零售等業別為主，使用專業、科學及技術服務等知識密集型服務業為中間投入的規模仍顯不足。

三、服務業之發展受限於市場需求

　　服務業之發展在 2001 年政府推動金融自由化及開放電信市場，帶

動金融保險、通信服務等相關產業成長最為顯著。此後，服務業便因景
氣波動及市場需求不足，無法維持穩定成長。與其他部門關聯程度較低
之服務產業如住宿餐飲、不動產、電信及醫療保健等，其發展固然仰賴
個別市場的興衰（其中又以景氣及政策因素為要），惟批發零售、運輸
倉儲、金融保險與專業、科學及技術等支援型服務業，也必須依賴製造
部門的需求。2001~2006 年間，批發零售與專業、科學及技術服務業生
產總值雖有 50%以上之成長，運輸倉儲亦成長 26.5%，惟我國製造部門
使用來自服務部門之中間投入的情形仍低於美、日等國，顯示「製造服
務化」的推動仍有可著力之處，支援型服務業也仍有進一步發展的空
間。

四、製造業與服務業之連結仍待加強

我國製造業與服務業發展所面臨之瓶頸，與彼此間產業關聯薄弱互
為因果。製造部門偏重生產「有形產品」的結果，便是將連鎖效果留在
自身的產業價值鏈中，不但在研發、設計、人才、銷售及資訊掌握等環
節得不到服務部門的支援，也壓縮了支援型（特別是知識密集型）服務
業的發展空間，產品的附加價值亦無法大幅提升。

在服務業方面，使用製造部門之產出為中間投入的情形亦不多見
（投入係數 0.0835），甚至比製造部門使用服務部門之產出為中間投入
的程度（投入係數 0.1216）更低。這些來自製造部門的中間投入，多數
為運輸倉儲、通信服務及資訊服務等業別所使用，主因係 ICT 產業的技
術變革與蓬勃發展，使這些服務業必須使用更多來自製造部門的產出。
然而，除了上述的業別之外，教育、醫療保健、住宿餐飲、不動產等服
務業使用中間投入較少（即與製造部門的關聯程度較低），亦無明顯的

技術變動。整體而言,服務業的「科技化」仍有很大的進步空間。

附錄:名詞釋義

(一)產業關聯表

係指將一年期間的國民經濟活動,有關各產業相互間的貨品與服務交易狀況,以矩陣形式陳示之一覽表,又稱投入(Input)產出(Output)表(簡稱 IO 表),為美國經濟學家李昂提夫(Wassily Leonteif)於 1930 年代所設計提出。

(二)生產總值、中間投入及附加價值

生產總值係一年期間產出品按產地或出廠價格計算之價值;中間投入係指各產業部門在生產時,使用其他產業部門(或本公司其他部門)所提供之產品及非要素勞務(含服務);生產總值減去中間投入之後,即為附加價值。一般而言,製造業在生產時必須使用較多的中間投入,而服務業係提供勞務,具有消費與生產同時發生的性質,故製造業附加價值應較服務業為低。

(三)投入係數

係指在目前的生產技術條件下,生產一單位直接所需各部門產品之分別投入比率,故又稱技術係數,亦稱直接需求係數。各產業部門之投入係數,係根據生產者價格交易表,以其生產總值除其各項投入值計算而得。

(四)向前關聯與感應度

當每一產業部門之最終需要皆變動一單位時,對特定產業產品需求之總變動量,也就是特定產業受感應(Sensibility)的程度,稱為向前

關聯效果，將其標準化後，稱為感應度。若感應度大於 1，則表示該產業受感應程度大於全體產業受感應程度的平均值。一般而言，感應度高的產業，其產品多屬中間材料或服務，感應度低的產業則多供作最終消費。

（五）向後關聯與影響度

當對某一產業部門之最終需要變動一單位時，各產業必須增（減）產之數量和，亦即該特定產業對所有產業的影響（Dispersion）程度，稱為向後關聯效果，將之標準化後稱為影響度。若影響度大於 1，則表示該產業影響度大於全體產業影響度的平均值。一般而言，影響度高的產業，其中間投入率大多較高；影響度低的產業，多為初級產業、服務業或其他中間投入率低的產業。

參考文獻

1. 中華經濟研究院，臺灣服務業生產與就業結構缺口之研究，行政院經濟建設委員會委託研究計畫，2006 年。
2. 臺灣經濟研究院，我國服務業發展規劃計畫，經濟部商業司委託研究計畫，2009 年。
3. 行政院主計處，2004 年產業關聯表編製報告。
4. 行政院主計處，2006 年產業關聯表編製報告。
5. 行政院主計處，2006 年產業關聯表部門分類。

專文 3
我國製造業服務化發展之探討 [1]

---

[1] 原文刊載於經濟部《國內外經濟情勢分析》，101 年 2 月號。

第一章　緒論

製造業服務化（servitization）的概念，最早由 Vandermerwe & Rada 於 1988 年所提出，係指原本以製造有形產品為主的業者，透過提供服務來提升產品價值，進而轉型為以服務為導向的經營型態。根據西方經濟學者對生產活動的觀察，1980 年代起，隨著國際分工的深化與專業化，服務要素對製造活動的重要性與日俱增，工業產品使用越來越多的服務作為中間投入，工業逐漸往服務化發展；另一方面，服務業也融入了更多工業化生產方式，朝標準化發展，製造與服務的分界日益模糊。

我國經濟以製造業起家，長期專注於產品製造領域，已躍居國際供應鏈要角。近年來，面對「前有先進國家之技術優勢、後有新興國家低成本競爭」的嚴峻考驗，許多業者意識到具有「服務」成分的價值活動，才是企業差異化與競爭力的來源，於是紛紛投入「製造業服務化」的行列，尋求更具整合性的經營模式；政府政策也以「產業結構優化」為核心，積極推動「製造業服務化」、「服務業科技化國際化」。然而，企業轉型非是易事，產業結構調整亦非一蹴可幾。以下，本文將透過產業關聯資料及相關研究調查結果，檢視我國製造業服務化發展情形。

第二章　製造業服務化發展類型

根據臺灣經濟研究院（2011）歸納國內外相關文獻及個案分析結果，將「製造業服務化」定義為：「以產品為中心的製造轉向服務加值延伸，製造業者不再只是單一的產品供應者，而是提供一系列滿足客戶需求的服務，透過服務來凸顯產品差異化，進而創造更高的附加價值」，分為以下三種類型：

一、擴大價值鏈的服務

製造業者將服務擴大至價值鏈的中下游，必須考量產品全生命周期，將客戶購買前、購買時、購買後所需之服務全部涵納。例如 IBM由電腦硬體製造大廠，轉型為資訊技術及業務解決方案的提供者；杜邦（DoPont）由材料供應商轉型為塗料產品及技術諮詢商等。這類型的服務又可區分為以下三種形式：

（一）產品延伸服務：產品所有權屬於客戶，業者將原本的製造活動往研發、客製化生產等上游延伸，目的在於反應客戶需求、強化與客戶間的關係等；或將製造活動往配送、行銷、售後服務等下游延伸，目的在於增加企業價值、擴大服務客戶群等。

（二）產品功能服務：業者提供產品及服務（或功能）的組合，客戶購買的是產品功能而非產品本身。亦即，業者擁有產品所有權、客戶擁有產品使用權，例如：機械租賃、汽車租

賃、電梯維修等。

（三）整合性解決方案：業者整合產品涉及的多種服務或功能，提供客戶一整套解決方案（包括產品、服務與系統），滿足客戶對高價值產品的需求。

二、衍生對外的服務

業者將價值活動中某區段的優勢功能，透過模組化設計，提供予同業與非同業。例如 HP 透過製造業價值鏈活動與經驗的累積，將其原本經營所需處理之國際應收帳款事務，包裝為系統化服務產品，以資訊系統形式，提供予 P&G 使用，並在此資訊平臺上，不斷擴大國際應收帳款的處理規模，進而達成降低成本、增加收益之效果。

三、服務主導產品製造

業者提供服務導向的產品，直接將客戶需求內建在產品當中，例如：ipad 由音樂下載服務主導產品製造功能；Amazon.com 提供數位內容帶動電子閱讀器 Kindle 銷售等。

第三章　國際製造業服務化發展趨勢

　　製造業與服務業之關聯型態，可從彼此互為中間投入的狀況來觀察。根據李江帆、馬鳳華（2008）分析 OECD 主要 9 個會員國之產業關聯變化，發現製造業對服務業之依賴度（即服務業占製造業中間投入之比重），由 1970 年代初期的 15.96%提高至 21 世紀初的 26.70%，顯示 OECD 國家製造業轉向與服務業融合之趨勢十分顯著。

　　以國家別觀察，1980 年代以法國、荷蘭、澳洲、日本等國，製造業對服務業之依賴度增加最為明顯；1990 年代以丹麥及加拿大增加幅度較大；21 世紀以後，美國製造業對服務業之依賴大幅提升，從 1990 年代中期的 25.83%增至 34.05%，服務產品占製造業中間投入比重超過三成。（詳表 1）

表 1　OECD 9 個會員國家製造業對服務業的依賴度

單位：%

	澳洲	加拿大	丹麥	法國	德國	日本	荷蘭	英國	美國	9 國平均
Early 1970s	17.26	11.36	15.06	17.57	-	15.78	11.45	18.05	21.14	15.96
Mid-1970s	19.08	10.83	16.01	18.44	19.98	17.69	11.3	-	19.01	16.54
Early 1980s	-	10.22	15.52	20.03	-	17.58	11.06	20.19	21.29	16.56
Mid-1980s	23.56	12.08	17.22	23.23	23.28	19.7	14.66	18.06	22.86	19.41
Early 1990s	23.24	11.79	19.86	29.12	27.02	24.7	-	29.63	24.12	23.69
Mid-1990s	21.47	18.23	24.83	26.82	28.82	26.43	24.79	-	25.83	24.65
Early 2000s	28.87	18.68	23.31	28.32	28.35	26.42	21.41	30.89	34.05	26.70

資料來源：OECD；臺經院計算整理。

　　反之，若觀察服務業對製造業之依賴度（即製造業占服務業中間投入之比重）變化，則發現 OECD 主要 9 個會員國均呈現下降趨勢，由 1970 年代初期的 36.73%降至 21 世紀初的 23.55%，顯示 OECD 國家經濟結構持續朝服務業轉型，以製造業作為中間投入的情況減少，依靠服務業本身投入的情形增加。

　　以國家別觀察，英國服務業對製造業的依賴度下降最多，從 1970 年代初期的 55.17%降至 21 世紀初的 18.72%；丹麥、日本、荷蘭及美國則下降超過 10 個百分點。（詳表 2）

表 2　OECD 9 個會員國家服務業對製造業的依賴度

單位：%

	澳洲	加拿大	丹麥	法國	德國	日本	荷蘭	英國	美國	9 國平均
Early 1970s	32.93	26.36	37.30	29.99	-	43.95	34.93	55.17	33.17	36.73
Mid-1970s	30.37	28.03	37.65	30.81	38.18	38.53	35.58	-	35.75	34.36
Early 1980s	-	29.80	38.99	28.06	-	38.10	34.33	47.98	35.60	36.12
Mid-1980s	35.36	24.45	35.39	25.34	32.37	35.05	28.30	44.16	29.16	32.18
Early 1990s	31.06	21.97	31.16	17.84	27.82	31.70	-	24.34	27.26	26.64
Mid-1990s	22.87	25.45	22.46	26.12	-	33.80	24.38	-	23.62	25.53
Early 2000s	28.87	-	18.70	22.03	-	31.26	22.51	18.72	22.77	23.55

資料來源：OECD；臺經院計算整理。

第四章　我國製造業服務化發展概況

一、從家數變化及受雇員工流向觀察

　　根據行政院主計總處之工商及服務業普查結果，2006 年製造業家數為 148,017 家，較 2001 年增加 4.70%。服務業方面，多數業別增幅均超越製造業，批發及零售、住宿及餐飲業 578,756 家，增加 15.60%；金融及保險業 9,955 家，增加 53.56%；服務事業 [1]230,979 家，增加 40.91%；惟運輸及倉儲業 59,364 家，較 2001 年減少 6.34%，與其他產業呈現相反走勢。究其原因，可能與我國製造業生產活動逐漸往零組件、原材料發展，最終產品比重下降，自然減少對運輸倉儲的需求有關。

　　此外，根據行政院主計總處「受僱員工動向調查報告」，2001 年由製造業轉向服務業的受僱員工 62,335 人，2010 年達 80,137 人，成長近 3 成，某種程度也顯示我國製造業持續朝向服務業發展，帶動員工雇用從製造部門轉向服務部門。

二、從產業關聯觀察

　　根據臺灣經濟研究院（2010）以行政院主計總處公布之 166 部門產

---

[1] 含資訊及通訊傳播業、不動產業、專業科學及技術服務業、支援服務業、教育服務業、醫療保健及社會工作服務業、藝術娛樂及休閒服務業、其他服務業。

業關聯表進行計算及整理，2006 年我國製造業對各服務業的依賴程度，以批發零售交易與維修業、其他商業活動[2]、研究與開發業、金融與保險業最高，顯示我國製造業對產品售後服務、市場調查、顧問諮詢、產品研發及設計服務需求相對較高；製造業在發展過程中，可與金融保險、商業服務等各類生產性服務業合作，共同進行技術研發、產品開發、市場開拓等活動，提升創新機會。

　　以趨勢觀之，我國製造業對服務業之依賴度，由 1996 年的20.17%，降至 2001 年的 18.99%，2006 年再降至 15.49%，與前述 OECD國家呈現相反走勢。若以產業別觀察，則以對批發零售交易與維修業、金融及保險業的依賴度下滑最為明顯，對研究與開發、機械與設備租賃的依賴度上升幅度最大[3]。（詳表 3）

表 3　我國製造業對各服務業之依賴度

單位：%；百分點

	1996 年	2001 年	2006 年	2006 較 2001 年增減
批發零售交易與維修	8.88	6.16	7.01	-1.87
旅館與餐廳	0.22	0.20	0.31	0.09
陸路運輸與運輸路線	1.31	1.08	0.79	-0.52
水上運輸	0.04	0.05	0.02	-0.02

---

[2] 含未分類其他資訊供應服務業、法律及會計服務業、企業總管理顧問機構及管理顧問業、建築、工程服務及技術檢測、分析服務業、廣告業及市場研究業、專門設計服務業、其他專業、科學及技術服務業、就業服務業、保全及私家偵探服務業、清潔服務業、業務及辦公室支援服務業。

[3] 我國製造業對研究與開發業的依賴度，由 1996 年的 0.19%增至 2006 年的 1.76%，部分原因係私人家庭聘僱人士與域外組織機構，自 2001 年起歸類至研究與開發業。因此，1996~2006 年間，我國製造業對某服務業別依賴程度提升最多者，應為機械與設備租賃業。

航空運輸	0.08	0.08	0.06	-0.02
運輸活動相關支援與旅行社	0.59	0.39	0.32	-0.27
郵政及電信	0.32	0.55	0.21	-0.11
金融及保險	**3.55**	**4.83**	**1.68**	**-1.87**
地產活動	0.30	0.29	0.09	-0.21
機械與設備租賃	**0.10**	**0.07**	**0.62**	**0.52**
電腦與相關活動	0.18	0.49	0.05	-0.13
研究與開發	**0.19**	**1.64**	**1.76**	**1.57**
其他商業活動	2.15	2.04	1.92	-0.23
公共管理與國防；強制性社會保險	0.16	0.00	0.26	0.10
教育	0.12	0.11	0.05	-0.07
健康與社會工作	0.10	0.08	0.04	-0.06
其他社區、社會與個人服務	0.41	0.93	0.29	-0.12
私人家庭聘僱人士與域外組織機構	1.47	0.00	0.00	-1.47
合計	**20.17**	**18.99**	**15.49**	**-4.68**

資料來源：行政院主計總處；臺經院計算整理。

　　若進一步分析各製造業別對服務業的依賴程度，可發現 2006 年以藥品、木材、紙類、辦公設備、鐵路等為最高，可能與這些製造業者傾向以外包方式來滿足對服務的需求有關。以趨勢觀之，1996~2006 年間，非鋼鐵金屬、鋼鐵、化學製品等中間財型態之產業對服務業的依賴度下降，辦公設備、食品、藥品、鐵路等最終財產業對服務之需求則明顯增加。（詳表 4）

表 4　我國各製造業對服務業之依賴度

單位：%；百分點

	1996 年	2001 年	2006 年	2006 較 2001 年增減
食品相關	**0.19**	**0.18**	**0.22**	**0.03**
紡織相關	0.16	0.16	0.17	0.01
木材相關	0.33	0.31	0.29	-0.04
紙類相關	0.28	0.25	0.27	-0.01
石油	0.05	0.06	0.03	-0.02
化學製品	**0.15**	**0.12**	**0.08**	**-0.07**
藥品	**0.37**	**0.34**	**0.40**	**0.03**
橡膠塑膠	0.20	0.19	0.19	-0.01
非金屬礦物	0.29	0.27	0.25	-0.04
鋼鐵	**0.20**	**0.16**	**0.10**	**-0.10**
非鋼鐵金屬	**0.32**	**0.17**	**0.14**	**-0.18**
金屬製品	0.24	0.22	0.21	-0.03
機械設備	0.27	0.22	0.22	-0.05
辦公設備	**0.15**	**0.13**	**0.24**	**0.09**
電器儀器	0.23	0.21	0.19	-0.04
視通訊設備	0.20	0.19	0.18	-0.02
精密儀器	0.20	0.18	0.21	0.01
車輛	0.23	0.20	0.22	-0.01
船舶	0.19	0.18	0.21	0.02
飛行器	-	0.30	0.22	-0.08
鐵路	**0.21**	**0.21**	**0.24**	**0.03**
其他	0.25	0.61	0.26	0.01

資料來源：行政院主計總處；臺經院及本文計算整理。

　　探究我國製造業對服務部門依賴度下滑的原因，一方面可能係因製造業國際分工，導致國內製造活動往零組件、原材料等中間產品集中，最終消費型態的產品比重降低，遂使製造業對運輸倉儲、批發零售及維修等服務需求下降；另一方面可能係製造業者已意識到服務化對提升附加價值的重要性，逐步內化服務業領域業務，持續強化研發、設計、採購及運籌等能力，或自行跨足批發零售、網路銷售、售後維修等服務業務所致。

三、從調查結果觀察

　　根據資訊工業策進會（2009）針對 10 大製造業別、862 家企業進行訪問調查結果，我國製造業者展開服務化的比重達 81.8%，其中，「製造為主，服務為輔」占 19.3%，「製造與服務並重」占 57.5%，「服務為主，製造為輔」則占 5.0%。其中，以家電製造業服務化程度最高，有 74% 的業者營運型態為「製造與服務並重」或「服務為主，製造為輔」；運輸工業的服務化程度最低，有 46.7% 的業者營運型態為「純粹製造產品」或「製造為主，服務為輔」。（詳表 5）

表 5　臺灣 10 大製造業之服務化程度

單位：%

	純粹製造產品	製造為主服務為輔	製造與服務並重	服務為主製造為輔	服務化程度排名
整體	18.2	19.3	57.5	5.0	－
家電製造業	12.0	14.0	66.0	8.0	1
金屬製造業	20.0	11.0	63.0	6.0	2

醫療製造業	14.0	20.0	62.0	4.0	3
機械設備製造業	12.0	23.0	59.0	6.0	4
資訊/通訊網路	13.0	22.0	58.0	7.0	4
食品製造業	25.0	11.0	62.0	2.0	6
電子/半導體/光電製造業	13.0	26.0	59.0	2.0	7
紡織製造業	21.0	21.0	56.0	2.0	8
石油化學製造業	20.0	26.0	48.0	6.0	9
運輸工業	32.2	14.5	43.5	9.7	10

資料來源：資策會。

　　比較採行服務化之企業與其他同業的績效表現，整體而言，在效率指標方面，業者認為「臨時增加產能/變動交期」表現較同業優異的比例最高（36.2%），並以家電製造業經營效率提升最多；績效指標方面，以「主要產品/服務市場占有率」表現優異的比例最高（29.1%），並以電子/半導體/光電製造業獲利提升最為明顯。（詳表6）

　　惟觀察製造業者進行服務化所衍生之營收占其總營收之比重，有45.3%的企業在1成以下，僅15.7%的企業超過2成。相較於國際服務化轉型成功的領導企業如IBM、GE等，服務化衍生營收均超過5成，可看出我國製造業者投入服務化雖然普遍，但對企業營運之實質效益仍然有限。

表 6 臺灣製造業服務化之經營指標表現

單位：%

	效率指標				績效指標		
	新產品上市週期	維修回應速度	臨時增加產能/變動交期	成本控制	主要產品/服務市場占有率	營業淨利	營業額成長
整體	30.0	35.7	36.2	32.0	29.1	24.1	24.6
紡織製造業	28.0	22.0	36.0	26.0	27.0	18.0	15.0
機械設備製造業	28.0	41.0	37.0	31.0	30.0	16.0	27.0
資訊/通訊網路	36.0	36.0	42.0	34.0	35.0	28.0	31.0
食品製造業	29.0	21.0	25.0	30.0	27.0	19.0	21.0
金屬製造業	24.0	49.0	35.0	31.0	21.0	25.0	21.0
醫療製造業	20.0	24.0	30.0	34.0	22.0	16.0	20.0
運輸工業	32.3	41.9	32.3	33.9	24.2	25.8	25.8
電子/半導體/光電製造業	36.0	44.0	47.0	40.0	45.0	37.0	33.0
石油化學製造業	28.0	30.0	34.0	31.0	23.0	31.0	26.0
家電製造業	44.0	54.0	42.0	30.0	34.0	20.0	24.0

附註：為與國內同業表現的比較情形。

資料來源：資策會。

綜合統計資料及調查分析結果，再以前述「擴大價值鏈的服務」、「衍生對外的服務」及「服務主導產品製造」三種類型來看，我國製造業服務化的模式係以「擴大價值鏈的服務」為主，透過附加服務（例如：研發設計、零組件整合、維修服務等）的提供，來增加產品價值。換言之，現階段我國製造業服務化仍屬於生產流程的延伸，目的在於強化與客戶之間的關係，或提高與其他同業的差異化程度，而非將研發、

設計、零組件採購、維護維修等服務視為「產品」進行銷售。未能商品化的服務無法為企業帶來實質可觀的收益，這也是我國製造業者有 8 成比例投入服務領域，卻只有 15.7%的企業服務營收占總營收比例超過 2 成的主因。

第五章　結論

一、我國製造業對服務業依賴度相對較低，且呈下滑走勢

　　OECD 主要 9 個會員國製造業對服務業之依賴度，由 1970 年代初期的 15.96%提高至 21 世紀初的 26.70%，其製造業轉向與服務業融合之趨勢十分顯著。然我國近年積極推動製造業服務化，製造業對服務業之依賴度，卻由 1996 年的 20.17%降至 2001 年的 18.99%，2006 年再降至 15.49%，不但較前述 OECD 國家為低，且呈現下滑走勢，可能原因有二：

（一）我國製造業生產活動往零組件、原材料等中間財集中，最終消費產品比重下降，對運輸倉儲、批發零售及維修等服務需求自然降低。

（二）製造業者意識到服務化對提升附加價值的重要性，持續強化自身對產品研發、設計、採購與運籌能力，或自行跨足批發零售、網路銷售、售後維修等，逐步內化服務業領域業務。

二、我國製造業服務化模式，以「擴大價值鏈的服務」為主

　　以「擴大價值鏈的服務」、「衍生對外的服務」及「服務主導產品製造」三種類型來看，我國製造業服務化的模式係以「擴大價值鏈的服務」為主，透過附加服務（例如：研發設計、零組件整合、維修服務

等）的提供，來增加產品價值及客戶滿意度，或提高與其他同業的差異化程度。

三、如何推動「服務商品化」，將是未來的關鍵議題

我國製造業者雖有 8 成比例投入服務領域，但僅有 17.5%的業者服務營收占總營收比重超過 2 成，顯示業者所提供的仍係製造流程的加值服務，尚未到達「服務商品化」的階段，也未能為企業帶來財務收益。這會使企業難以明確評估服務化的實質效益，無法進一步發展「衍生對外的服務」模式。因此，站在業態轉型的角度，如何提升服務化的質量，並帶動服務營收的成長，將是未來推動製造業服務化的關鍵議題。

參考文獻

1. 臺灣經濟研究院，善用製造業既有優勢發展我國服務業之可能模式、效益與政策規劃，經濟部工業局委託研究計畫，2010 年。

2. 臺灣經濟研究院，我國製造業服務化發展現況分析與策略規劃，經濟部工業局委託研究計畫，2011 年。

3. 行政院主計總處，工商及服務業普查。

4. 行政院主計總處，受僱員工動向調查。

5. 行政院主計總處，產業關聯統計。

6. 資訊工業策進會，製造業服務化與資訊應用調查報告，經濟部技術處委託研究計畫，2009 年。

7. 資訊工業策進會，2011 科技化服務應用及發展年鑑，經濟部技術處科技專案成果，2011 年。

專文 4

主要國家製造業振興策略
對我國之啟示 [1]

---

[1]　原文刊載於經濟部《國內外經濟情勢分析》，103 年 3 月號。

第一章 緒論

　　90 年代知識經濟蔚為風潮，歐美先進國家大舉投入研發及服務業發展，加上新興國家崛起，以低廉的生產條件吸引製造業移入，使歐美各國普遍走向「去工業化」（Deindustrialization）進程，將重工業遷移至成本較低的新興經濟體。

　　然而，2008 年的金融海嘯，以及緊接而來的歐債危機，讓這些先進國家重新體認到製造業的重要性。此外，製造技術的創新（如積層製造 [2] 或 3D 列印）、消費者對產品客製化的要求上升，也使勞動成本對製造業的重要性日益降低，有利先進國家建立新型的製造業務模式。因此，近年從美國、德國到日本，紛紛提出「再工業化」（Reindustrialization）的製造業振興策略：以高階製造技術，重構產業價值鏈，創造高附加價值的生產活動，進而帶動經濟發展與就業成長。

　　一般預料，先進國家「再工業化」的戰略與行動，不僅將對全球產業布局產生重大影響，更可能是從新興國家手中奪回製造主導權的關鍵。我國以製造業起家，亦歷經生產成本上漲、製造基地外移的過程，產業政策因而轉為推動產業升級與結構轉型。美、德、日等製造大國政策思維的演變，或可作為我國推動「產業再造」的借鏡與參考。

---

[2] 積層製造(Additive Layer Manufacturing, ALM)技術被預測為下一波的製造革命。簡單來說，ALM 是將 3D 圖檔削切成一層一層的 2D 平面，再將 2D 平面堆疊起來。技術原理是透過高速掃描振鏡的照射，於預先鋪層的金屬粉末上，聚焦雷射光束進行粉末燒結，使金屬粉末達到其熔點，如此不斷重複鋪粉與雷射燒結動作，逐層堆疊製成所設計之工件，可產生近似 100%緻密度的成品。例如將小提琴圖樣掃描後，以雷射積層印刷機，透過雷射光束，把特殊可耐 300 度熔點的塑膠粉末融合在一起，不到一天就能夠「印」出一把名琴。

第二章　美國：發展先進製造業

一、美國製造業發展特色

（一）以高技術產業為主：美國是工業高度發達的國家，生產規模大，技術水準高。傳統工業部門包括鋼鐵、汽車、化工、石油、飛機等，新興工業部門包括光電、精密機械、航太、生物製藥、尖端武器等。

（二）企業居全球主導地位：在美國「財星」（Fortune）雜誌每年評選的世界 500 大公司中，美國企業一直居於主導地位，2013 年沃爾瑪（Wal-Mart Stores）及埃克森美孚（Exxon Mobil）分居第1、2 名，蘋果（Apple）則名列第 6，是前 10 名中唯一的高科技公司。

（三）全球領先的技術與研發：在各國政府財政普遍困難的年代，美國政府對研究開發的投入仍不斷增加，2013 財政年度 R&D 預算撥款 1,408 億美元，較 2012 財政年度成長 1.4%。此外，美國擁有完善的科研基礎設施，研究型大學及聯邦實驗室為高階領域提供了有力支持，不但創造了高技能工作機會，也促進高科技人才的培育。

二、發展先進製造業政策

　　2008 年美國爆發金融海嘯，過度依賴舉債消費和金融創新的經濟

發展模式遭受空前挑戰，企業大幅裁員，失業率在 2009 年 5 月突破 9%，美國總統歐巴馬於是在 11 月提出「製造業復興」（Manufacturing Renaissance）的概念，並頒布一系列的法案及計畫，試圖重振美國製造業，促進經濟發展並降低失業人口。

2011 年 6 月，美國政府啟動「先進製造業夥伴計畫」（Advance manufacturing partnership, AMP），於 4 年間投入 5~10 億美元，選定智慧電網、清潔能源、先進汽車、航空與太空能力、生物與奈米技術、新一代機器人、先進材料等重點領域，聚焦發展 11 項關鍵技術[1]。值得注意的是，美國政府對於「先進製造」的定義，並非僅限於新興技術，它包括了美國製造商與供應商所採用高效率、高產出、高密集度、嚴格控制的製造流程。從產業發展的角度來看，這些政策將帶動產業投資，提升美國本土的製造能耐；長期而言，其目的在建立一套節能、環保又擁有高效率產出的全新工業化體系。

三、吸引製造業回流政策

在啟動 AMP 計畫的同時，美國總統歐巴馬宣布「選擇美國倡議」（SelectUSA Initiative），成立聯邦跨部會投資工作小組，鼓勵並支持在美國的商業投資。2012 年 1 月，美國政府進一步提出「委外工作轉回美國」（Insource Jobs Back to America）計畫，並在 2013 年預算報告中特別加入「擴張製造業以及委外工作轉回美國租稅誘因」（Incentives

---

[1]　11 項關鍵技術：(1)先進的傳感、測量和程序控制，包括智慧整合感控系統(Cyber Physical System, CPS)，或稱為智慧製造或先進自動化；(2)先進材料設計、合成及加工；(3)視覺化、資訊和數位化製造技術；(4)可持續製造；(5)奈米製造；(6)軟性電子製造；(7)生物製造及生物資訊技術；(8)積層製造(3D 列印)；(9)先進製造及檢測設備；(10)工業機器人；(11)先進成形及焊接技術。

for expanding manufacturing and insourcing jobs in America）項目，預計 2012 年到 2014 年間，每年撥出 20 億美元，提供減稅優惠，鼓勵企業到遭受經濟衰退重創、多家工廠倒閉導致失業嚴重的地區，如底特律、密西根州、紐約州羅徹斯特（Rochester）一帶投資。針對回國生產的企業，美國政府也提供租稅抵免優惠，彌補企業因生產遷移所衍生的成本。

　　此外，歐巴馬政府 2014 年度預算案更以大力投資美國製造業為主軸，規劃一系列計畫，例如推動「國家製造業創新網絡」（National Network for Manufacturing Innovation, NNMI），預計在未來 10 年成立 15 個製造業創新機構（Institutes for Manufacturing Innovation, IMIs），匯集企業、大學、社區學院資源，與政府合資，開發尖端製造技術，並從基礎研究到製造流程，創造高技能、高薪資的就業機會。另「製造業擴展夥伴關係計畫」（Manufacturing Extension Partnership, MEP）則協助美國中小型製造商開發新客戶、拓展新市場及創造新產品，進而帶動稅收與就業機會。

第三章　德國：聚焦高科技創新與應用

一、德國製造業發展特色

（一）相對穩定的製造業 GDP 占比

德國是僅次於中國大陸、美國及日本的全球第四大工業國，強項在機械、汽車、鋼鐵、化工、精密儀器等領域，因科技優勢而具備高度國際競爭力。和傳統工業強國不同的是，德國並沒有全力發展高成長的金融服務業，而是專注在原本的工業強項及創新生產科技，製造業占 GDP 比重一直維持在 20%~25%左右。堅實的製造基礎讓德國安然度過金融海嘯及歐債危機，一躍成為歐洲政經的領頭羊。

（二）具競爭力的中小企業——隱形冠軍（Hidden Champions）

德國製造業能維持全球領先地位，主要支柱是一批高度專業化、極具競爭力的中小企業。與大型跨國公司相比，德國中小企業往往只生產單一的專業化產品，幾十年、甚至幾百年都專注在他們所專長的領域，並努力將產品市場擴展到全球。例如德國福士（Würth）公司，只生產螺絲、螺母等連接件產品，卻在全球 80 個國家及地區銷售，產品應用上至太空衛星下至兒童玩具，幾乎涵蓋了所有行業領域。

（三）以人為本的製造思維

德國製造業的成就，不僅源自於德國重視基礎技術及技職教育、強調產學合作及學用合一的精神與傳統，也是政府、企業及工會共同努力的結果。在金融海嘯期間，英美等先進國家的製造部門大量裁員，德國

政府、工會及雇主間卻達成「雇主減少工時，避免裁員」及「政府補貼部分雇員失去的薪資」等協議，盡可能維持製造業就業穩定。這是「以人為本」的德國製造思維，與重視資本的英美等國最大不同之處。

二、2020 高科技戰略（Hightech-Strategie 2020 für Deutschland）

雖然製造業表現出色，支撐了德國出口成長與經濟發展，但德國本身缺乏能源，石油及天然氣都必須仰賴進口，加上工資相對較高，使德國企業長期以來都必須面對能源及勞動成本問題。此外，即使德國的技職教育世界聞名，造就高素質的勞工及技術人員，數量仍供不應求，這些都是德國產業面臨的重大挑戰。

2006 年，德國政府首度提出「2020 高科技戰略」，2010 年再作修訂，將服務業領域的創新納入。該戰略指出，德國正面臨數十年來最嚴峻的經濟及金融挑戰，解決之道在於擴大創新，並增加研發與投資自由度。

為此，「2020 高科技戰略」從氣候/能源、健康/營養、行動工具、安全及通訊五大需求領域出發，提出 10 項未來規劃[1]，投入未來新市場開闢、關鍵技術提升及創新相關條件改善。這些戰略規劃的最終目的，是要有效地使用關鍵技術，並將技術成功轉移到產業應用上，帶動整體經濟持續發展。

值得注意的是，「2020 高科技戰略」的擬定，主要是以人類社會的未來發展為考量，並以德國公民提出的問題為基礎，再結合聯邦各部

---

[1]　10 項未來規劃：(1)減碳、能源效益與氣候變遷防治；(2)能源供應機制；(3)永續移動；(4)高齡人口的自主生活；(5)目標性預防與均衡營養；(6)客製化醫療服務；(7)工業 4.0；(8)產業界網絡服務；(9)安全的身分辨識；(10)替代石油的再生能源。

會與政治、經濟、科學等領域專家，確保社會目標、部門計畫與總體戰略的規劃一致。重要推動計畫包括：

（一）EXIST 計畫

由德國聯邦教育與研究部出資，改善大學與研究機構的創業環境、提供大學學生創業獎學金；在研究成果商品化的過程中，亦可獲得早期補助金等相關資金協助，以培養大學創業文化與機制，並增加新創事業數量。

（二）SIGNO 獎助方案

分別以大學、企業與發明家為對象，提供商業化、專利行動等獎勵措施，並保障中小企業的研究成果，將其轉為市場商機。

（三）ZIM 中小企業創新計畫

以聯邦研發經費資助中小企業的研發支出，協助其開發新產品及創新生產流程。在這些受政府資助的企業中，有超過 95%已能單獨進行專案計畫，或與其他企業、研究機構合作進行研發。此外，一些新創公司也經常向政府推薦本身的研發工作，並得到支持與贊助。

三、公民對話機制

在「2020 高科技戰略」的推動機制中，有一個非常特別的設計，就是「公民對話平臺」。德國政府認為，科學研究與技術創新雖然解決了某些問題，卻也會引發風險，例如：如何控制未來技術？人類應該要往哪個方向轉變？因此，政府必須將研究與創新帶入主流社會，加強與公民對話，不但要向公眾說明此一創新的重要性，也讓政府在決策前聽到公眾的聲音。主要推動作法如下：

（一）以公共會議與公民對話

截至目前為止，已有未來能源技術、高科技醫療與人口結構變遷等三個公民對話主題，分別舉行公共會議，同時在網路互動平臺播放。每場會議約 100 名與會者，一方面告知公民目前尖端領域的研究，一方面開放公民與專家意見交流，並對科學、政治與社會提出具體建議。

（二）進行「為我研究、讓我參與研究」（Forschung für mich-Forschung mit mir）一系列對話

例如 2012 年德國政府就人口變遷研究在 5 個地點舉行研討會，與利益相關者交流，之後再公布分析結果。接下來 2013 年的人口議題研討會，就在 2012 年的基礎上進行，如此匯集研究人員與年長者的意見，共同制訂解決方案、產品與服務。

（三）舉辦科學年會

德國政府透過 2010 年「能源的未來」、2011 年「健康為目的的研究」、2012 年「未來地球計畫」及 2013 年「人口機會」等科學年會，舉辦大量的展覽、比賽及對話，增加民眾對未來關鍵議題的了解。此外，科學年會也能觸及較有爭議性的話題。

第四章　日本：結構改革帶動產業再興

一、日本製造業發展特色

（一）製造技術具備世界頂尖水準

　　日本製造業是從基本國情及產業現實出發，確立科技研究的重點，以創新技術來推動產業升級。除了製造技術具備世界頂尖水準、產品的高品質深植人心外，日本的製造業產業鏈也相當完整，主要優勢領域有汽車、鋼鐵、造船、電子電器、化工、紡織、奈米技術等。

（二）製造業企業在全球名列前茅

　　日本的汽車、電器、造船及鋼鐵產業在全球享有盛名，許多企業在世界名列前茅。根據《財星》2013 年世界 500 大公司排行榜，豐田汽車、日立、日產汽車、本田汽車、松下、索尼等皆名列其中。此外，日本擁有全世界資產最龐大的銀行——郵儲銀行，三菱 UFJ、瑞穗及三井住友三大金融集團，在全球金融界具有舉足輕重的地位，東京證券交易所更是僅次於紐約證券交易所的世界第二大證券交易所。

（三）製造業倚重技術貿易

　　日本以技術立國的發展策略，在近年逐漸顯現出效果，讓日本從專利技術的進口國，成功轉為成套設備及專利技術的出口國。根據 OECD 統計，2011 年日本技術貿易收支約達 246.9 億美元，10 年間成長兩倍，僅次於美國的 350 億美元。

二、產業結構願景

日本經濟在第二次世界大戰後迅速復興，持續 30 年的高度成長，乃受惠於製造業發達，被譽為日本戰後經濟奇蹟。然而，自 1990 年代起，日本泡沫經濟破滅，製造業陷入「失落的十年」；2000 年代經濟持續低迷，在 2008 年金融海嘯遭到沉重打擊；2011 年 3 月，日本東北部發生大地震，零組件供應鏈中斷、消費需求急速下滑，加上核能發電停滯導致電力不足，都讓日本製造業面臨挑戰。

為了讓日本產業脫離泥沼，2010 年日本內閣通過「產業結構願景」，對日本未來十年產業發展進行總體規劃，並以此為基礎，訂定產業改造與推動措施，加強推動五大戰略產業領域[1]，期達成以下目標：

（一）產業結構

2020 年日本產業總產值達 310 兆日圓，且五大戰略領域整體產業帶動效果須達 149 兆日圓，約占整體產值 50%，藉以改變過去汽車產業產值占比高達 40%之結構集中現象。

（二）就業結構

藉由產業改造提高各產業雇用人數，2020 年五大戰略領域促進就業人數須較 2007 年增加 258 萬人。

（三）貿易結構

日本主要出口項目為運輸機械、電器機械、一般機械及鋼鐵等四大

---

[1] 五大戰略產業領域：(1)公共基礎設施建設及整合系統輸出（水、原子能、鐵路）；(2)環境及能源問題解決型產業（如智慧社區、綠色節能社區、新時代汽車等）；(3)文化創意產業（時尚、創意、飲食文化、旅遊等）；(4)醫療、健康、護理、育兒等服務業；(5)尖端技術產業（機器人等）。

類（約占 65%），石化燃料進口（約占 34%）則有日益增加的傾向，因此希望透過各種新能源產業發展，提升能源自給率，降低能源進口比重。

除了產業結構、就業結構及貿易結構調整之外，「產業結構願景」還包括商業模式、海外市場及政府職能的轉型：

（一）商業模式

面對生產基地外移及來自各國的競爭威脅，日本企業必須融入以模組化生產及標準化商業戰略為主的國際分工體系，並加速產業改造的腳步，與企業聯盟，建立以技術創新及商業體系整合為核心的新商業模式。

（二）海外市場

過去，日本企業的市場開發重點在國內及發達國家市場；然而，隨著世界市場重心轉向新興經濟體，日本產業發展受到極大阻力。因此，日本政府認為有需要實施一套「面向全球」的國際化戰略，一方面加速日本企業國際化的進程，透過商業基礎建設及高品質人力，吸引國外高附加價值產業落地日本，提高日本產業的國際競爭力；一方面透過稅收及金融等手段，鼓勵日本企業（尤其是中小企業）進入國際市場。

（三）政府職能

1990 年代以來，日本政府在產業發展中的角色逐漸淡化；然而，隨著資本全球化、環境與能源成為產業發展的重要議題，政府在全球產業競爭中的地位也日益顯著。有鑑於此，日本政府認為必須建立新的公－私部門合作關係，透過高層協調及建立聯盟等方式，充分發揮政府功能。

三、安倍政府之「新成長戰略」

日本現任首相安倍晉三於 2012 年 12 月上任，即召開內閣會議，成立「經濟再生總部」，負責制訂擺脫通貨緊縮及刺激經濟成長的戰略，並展開「安倍經濟學」的三支箭：(1)大膽的金融政策，創造股價高匯率低的企業經營環境，刺激消費者信心；(2)靈活的財政政策，在景氣回穩時增加設備投資，促進消費、增加稅收；(3)提出「新成長戰略」，達成產業再興、市場創造、雇傭增加、國民所得提高等目標。

有關製造業轉型政策，主要集中在「新成長戰略」，係以「產業振興、刺激民間投資、放寬行政管制、擴大貿易自由化」為主軸，提出三大行動計畫：

（一）日本產業再興計畫

主要在調整產業結構，確立技術及知識密集型產業發展方向。其中，能源產業，尤其是與電力相關的產業非常關鍵，為的是讓產業結構轉型做好前瞻性準備。重要措施包括：制定「產業競爭力強化法案」，透過減稅等優惠刺激企業進行設備投資；改革雇用制度，鼓勵女性就業，以有效提升社會勞動力；設立吸引國內外企業投資的「國家戰略特區」，進行過去未實現的法規及稅制改革，再擴展至全國等。

（二）戰略市場創造計畫

主要在創造新的內需市場及拓展國際市場，如醫療、護理、醫藥品及能源技術等。在健康、醫療方面，規劃 5 年內以新興國家為中心，設立 10 個日本式醫療據點，藉此在海外醫療機器/服務市場爭取 1 兆日圓的商機；在能源方面，受到福島核災影響，日本政府對新能源發電採取高額補貼，並將太陽能列為優先選項，專注開發新的能源技術。此外，

「戰略市場創造計畫」也著重市場競爭機制的強化，希望以市場力量來檢驗並推動整體經濟健全發展。

（三）國際開拓戰略計畫

主要在擴大貿易自由化程度，以開拓國際市場及支援企業到海外發展。具體作法包括：推動經濟合作談判（如 TPP、RCEP、日中韓 FTA等），針對相關法規進行改革；選定目標市場，強化貿易支援及公私部門合作機制，協助中小企業及中堅企業行銷商品、技術與服務；改革赴日投資相關行政程序，強化招商機制，鼓勵海外日本企業回國投資等。

第五章　對我國之啟示

一、重視「需求」的產業政策思維

　　觀察美、德、日等國近來的製造業振興策略，除了從各自的產業特色與優勢出發，透過各種政策工具的運用，推動產業持續創新升級外，也從需求面檢視產業結構與發展狀況，據以規劃未來產業走向。如美國一系列發展先進製造的政策措施，不但是要提升美國的製造能力，同時也是為了滿足整個工業體系對高效率、高產出及節能環保的需求；德國的「2020 高科技戰略」，主要是以人類社會的未來發展為考量，並以德國公民提出的問題為基礎，提出五大需求領域及 10 項未來規劃；日本的「產業結構願景」則針對能資源短缺、人口老化等不利因素，發展「社會問題解決型產業」。未來我國在進行政策規劃時，除了考量國內外經貿情勢及所遭遇的挑戰，著重供給面的技術水準提升、產值或出口增加外，也可從產業需求、市場需求，甚至是社會需求的觀點檢視，確立未來產業發展方向與作法。

二、擴大政策形成過程中的公民參與

　　過去我國產業政策的形成，多參考產、官、學、研界意見，再由主政單位彙整協調，進行相關程序後實施。然而，政府想推動的政策、想發展的產業或技術，最終都必須在社會中落實應用；一般民眾或企業可能無法了解專業技術問題，但產業的創新與變遷終將改變每個人的日常

生活,這就會是民眾真正關心的議題。因此,德國「2020 高科技戰略」對於公民對話機制的設計,開放民眾與學者專家、政府機關對話,參與政策形成的過程,或可作為我國政策制訂方式的參考。

三、強調先進製造技術、流程與應用的整體策略

美國推動先進製造的一系列計畫、德國「2020 高科技戰略」及日本「產業結構願景」,均提出未來重點發展領域及關鍵技術,並強調技術創新必須真正落實在產業應用上,才能創造商業價值。我國靠製造業起家,近年也積極推動產業升級與結構轉型,在 2012 年 5 月通過「強化工業基礎技術發展方案」,選定材料化工、電子電機、機械及軟體等 4 大領域 10 項工業基礎技術優先發展,並在同年 11 月啟動「加強推動臺商回臺投資方案」,鼓勵臺商回臺進行高附加價值之生產活動,惟並未針對先進製造提出整體性的發展策略,且「加強推動臺商回臺投資方案」將於今(2014)年底實施屆滿,未來在鼓勵先進製造活動方面,可能需進一步評估及研議相關措施。

參考文獻

1. 工業技術研究院，主要經貿國家產業競爭研究及政策規劃計畫—德國第 4 次工業革命之研析，經濟部工業局委託研究計畫，2013 年。
2. 工業技術研究院、資訊工業策進會，臺灣產業科技前瞻研究計畫—產業發展願景的標竿國經驗，經濟部技術處委託研究計畫，2013 年。
3. 臺灣經濟研究院，主要經貿國家產業競爭研究及政策規劃計畫—主要國家再工業化政策對我國產業影響之研析，經濟部工業局委託研究計畫，2013 年。
4. 劉孟俊，美國「再工業化」對臺灣產業政策啟示，工商時報，2012 年 8 月 1 日。

附　　錄

附錄 1-1　亞太營運協調服務中心大事紀要

1995 年		
月	日	內　　　　　容
1	5	行政院 2414 次院會通過「發展臺灣成為亞太營運中心計畫」。
3	6	依行政院核定在經建會成立之「亞太營運協調服務中心」正式成立，開始運作，藉以落實計畫之執行推動。
	22	邀集相關部會，協商德商拜耳公司取得設廠用地，並促成拜耳公司在臺設立製造二異氰酸甲苯（TDI）產品之營運中心。
4	21	向行政院政務會談提「總體經濟調整」簡報，並確立開放競爭、興利政策、調整政府職能、提供全方位服務與法令政策透明化等五項原則。
5	18	行政院院會核定通過「發展臺灣成為亞太營運中心第一階段整體立法計畫」。
	12	「亞太營運中心第一階段整體立法計畫」於立院三讀通過修正「管理外匯條例」、「營業稅法」、「航業法」，另，廢止「技術合作條例」，並制定「電腦處理個人資料保護法」。
	13	「亞太營運中心第一階段整體立法計畫」於立院三讀通過制定「積體電路電路布局權保護法」。
12	21	邀集經濟部等 13 個相關部會，就「亞太營運中心計畫應完成之行政命令增修與行政措施」進行檢討，在 73 項應完成之行政命令，已完成 51 項。
	21	「亞太營運中心第一階段整體立法計畫」於立院三讀通過修正「商港法」。
	22	「亞太營運中心第一階段整體立法計畫」於立院三讀通過制定「營業秘密法」。

	29	「亞太營運中心第一階段整體立法計畫」於立院三讀通過制定「信託法」。
1996 年		
月	日	內　　　　容
1	16	「亞太營運中心第一階段整體立法計畫」於立院三讀通過大幅修正「電信法」與「交通部電信總局組織條例」，並制定「中華電信股份有限公司條例」。
	24	協調促成「土地稅減免規則」修正；協助解決臺北美國學校用地之租金調降事宜。
3	27	推動亞太航空轉運中心，引進國際整合型快遞業者，美商優比速（UPS）公司於 3 月 27 日與民航局簽署投資備忘錄，於中正機場設立轉運中心。
4	9	邀集政府相關單位與業者協商「空運貨物進出口作業流程相關問題」，決議若進口貨品需由商檢局抽檢驗者，海關將配合業者提貨，免繳特別監視規費。
	17	彙整完成「發展臺灣成為亞太營運中心二階段整體立法計畫」，提報本會 823 次委員會通過。
	18	赴美拜會有潛力來臺之金融業者，如 Morgan Stanley（摩根史坦利銀行）、J.P. MORGAN（摩根銀行）、BOT（美國芝加哥期貨交易所）、CME（美國芝加商品期貨交易所）等，並與 CBOT 及 CME 晤談來臺合作成立期貨交易所乙案。
	19	赴紐約拜訪媒體中心目標廠商，USA Networks 及 Business Week 發行公司 The McGraw-Hill Companies，對其介紹媒體中心投資優惠及國內相關印刷廠商資料。上述二家公司對選擇臺灣營運均表興趣，本中心將針對其需求繼續加強連繫。
	26	邀集相關單位協商道路、地名之英文標示問題，達成未來將以國語譯音符號第二式為準之結論，並逐步推廣。
5	8	與財政部關政司等共赴新加坡，考察其海、空運發展措施及通關自動化情形。
	15	赴美宣導亞太營運中心計畫，分別於紐約、洛杉磯舉辦駐外單位人員座談研討會；17 日薛副主委並邀集紐約地區金融、電信等相關作

		業之高階主管廿餘人進行早餐會談，說明亞太營運中心帶來的商機。
	23	行政院 2481 次院會通過本會所擬「發展臺灣成為亞太營運中心計畫二階段整體立法計畫」。
6	13	本會第 332 次業務會報主任委員指示：「投資障礙排除小組」工作由部門處移交本中心，擔任單一窗口任務。
7	16	連院長於行政院政務會談中指示本會，召集相關單位成立專案小組規劃「經貿營運特區」；主委指示由本中心擔任工作幕僚，負責研究規劃。
9	6	「亞太營運中心第二階段整體立法計畫」於立院三讀通過修正「民事訴訟法」。
	13	「亞太營運中心第二階段整體立法計畫」於立院三讀通過修正「船舶法」。
10	3	「亞太營運中心第二階段整體立法計畫」於立院三讀通過修正「貪污治罪條例」，惟與亞太營運中心相關之「舉動犯」改「結果犯」之提議未獲採納。
11	13	與工商建研會舉行第二次座談會，從政策、執行與實際案例三方面研商「企業界所面臨的土地問題及解決之道」。

1997 年

月	日	內 容
1	29	「中正機場客運安檢作業簡化」案提經建會地 860 次委員會會議通過，取消安檢章；另清艙作業平時責交業者處理，航警局督導，必要時再由航警局加強執行清艙。
3	4	「亞太營運中心第二階段整體立法計畫」於立院三讀通過制定「期貨交易法」。
	28	邀集相關部會就「檢討白領外人聘僱及進出流程協調會」，達成簡化聘僱許可申請文書、統一所有白領外人健康檢查規定及格式。
4	15	「亞太營運中心第二階段整體立法計畫」於立院三讀修正通過加入 WTO 有關之證券交易法、關稅法、商品檢驗法、公路法、貿易法、商港法、營業稅法、貨物稅條例、會計師法、建築師法、銀行法、商標法、專利法、藥事法、食品衛生法、出版法、加工出口區

		設置管理條例、駐華外國機構及其人員特權暨豁免條例等 18 項法案。
	18	「亞太營運中心第二階段整體立法計畫」於立院三讀修正通過「國軍退除役官兵輔導條例」。
	29	「亞太營運中心第二階段整體立法計畫」於立院三讀修正通過「中央銀行法」。
	30	「短期來華履約外人提出工作許可」乙案提經建會第 873 次委員會討論，決議簡化為入境 7 天內提出工作許可證。
5	10	「亞太營運中心第二階段整體立法計畫」於立院三讀修正通過「就業服務法」。
	20	召開亞太營運中心執行方案協調會，修訂媒體中心與金融中心部份之內容。
	31	「亞太營運中心第二階段整體立法計畫」於立院三讀修正通過「公司法」。
6	18	經建會第 880 次委員會通過「發展臺灣成為亞太營運中心計畫第一階段執行成果及第二階段執行方案」。
	20	邀集財政部、衛生署等單位與歐僑商會就「1996 年建議書」召開第一次協調會。
7	7	邀集交通部、環保署等單位與歐洲商會就空運、政府採購與環保議題召開第二次協調會。
	23	經建會第 885 次委員會通過僑外投資負面表列-禁止及限制外人投資業別項目部分項目修正建議案。
9	24	本會委員會通過「發展臺灣成為亞太營運中心第二階段立法計畫」，並呈報行政院。
	25	「亞太營運中心第二階段立法計畫」於立院三讀修正通過「國際金融業務條例」、「刑法」。
10	3	邀集相關部會代表召開「經貿營運特區工作小組第五次會議」，研商經貿特區設置管理條例草案。
	9	「亞太營運中心第二階段立法計畫」於立院三讀修正通過「著作權仲介團體條例」。
	30	「亞太營運中心第二階段立法計畫」於立院三讀修正通過「華僑回

		國投資條例」、「外國人投資條例」。
12	1	「亞太營運中心第二階段立法計畫」於立院三讀修正通過「標準法」。
	19	「亞太營運中心第二階段立法計畫」於立院三讀修正通過「國營事業管理法」。
	26	「亞太營運中心第二階段立法計畫」於立院三讀修正通過「所得稅法」。
	30	「亞太營運中心第二階段立法計畫」於立院三讀修正通過「民用航空法」、「著作權法」。

1998 年

月	日	內　　　　　容
1	6	「亞太營運中心第二階段立法計畫」於立院三讀修正通過「促進產業升級條例」、「中小企業發展條例」。
2	12	邀集警政署、港警所、海關、港務局等單位研議「簡化港口安檢作業，決議由警政署依「航空器清艙檢查」由業者負責之作法，研擬相關「船舶清艙檢查作業規定」。
5	1	「亞太營運中心第二階段立法計畫」於立院三讀完成「政府採購法」之制訂。
10	8	邀集內政、財政等11單位研商「臺北美國學校租金負擔案」會議。
12	29	「亞太營運中心第二階段立法計畫」於立院三讀通過制定「科學技術基本法」、修正通過「存款保險條例」。

1999 年

月	日	內　　　　　容
1	12	「亞太營運中心第二階段立法計畫」於立院三讀通過廢止「出版法」。
	14	「亞太營運中心第二階段立法計畫」於立院三讀通過修正「航業法」。
	15	「亞太營運中心第二階段立法計畫」於立院三讀通過制定「行政程序法」與「衛星廣播電視法」、修正通過「行政院勞委會職業訓練局組織條例」與「有線電視法」等四法案。

3	2	邀集內政、新聞、環保等單位研商「年代高科技媒體園區開發相關事宜」會議。
	25	邀集經濟、財政、新聞局與相關業者研商「DVCPRO 影視媒體用器材檢驗及關稅案」等相關事宜會議。
4	8	邀請交通部、內政部等單位研商港口安檢清艙作業及證照查驗作業簡化相關事宜。
	9	邀集內政、經濟、財政等單位研商廢除營利事業統一發證制度,修正相關法令事宜會議。
	16	邀集法務、經濟部與歐洲商務協會、美僑商會就有關在臺律師對律師法建議修正討論會議。
	16	邀集交通、經濟部與學界共同研商「港埠組織改制—公法人方案」。
	24	邀集財政部、交通部、勞委會與公共工程委員會等相關部會與美僑商會就運輸、電信、勞工、與營造工程等議題舉辦第一次座談會。
	31	邀集財政部、證期會、保險司、衛生署與健保局等相關部會與美僑商會就資本市市場、保險、醫療器材與製藥等議題舉辦第二次座談會。
9	1	邀集國內、外金融、證券相關業者就「建構成為亞太金融中心機制之探討」座談會。
	2	邀集財政、經濟與交通部等單位就「配合企業發展全球運籌管理,政府應辦理事項」之座談會。
	8	發展臺灣成為「亞太營運中心第二階段立法計畫優先推動法案」提經建會第 984 次委員會。
	8	召開體委會「高爾夫球場申請流程」工作圈主管機關之確立相關協調會。
11	24	邀集財政部海關總署、新聞局、經濟部智慧財產局、經濟部國貿局、內政部警政署等五個行政單位召開「錄影節目帶出口及代工鐳射唱片出口核驗證明書業務暨非法錄影帶查緝業務移撥」協調會議。
註:11－12 月積極推動災後重建特別立法事宜		
2000 年		

月	日	內　　　　　　　容
1	13	召開「發展全球運籌管理」各部會應配合事項與建議第一次協調會。
	17	召開「發展全球運籌管理」各部會應配合事項與建議第二次協調會。
	20	「發展全球運等管理之作法與建議」提報行政院第 2665 次院會。
2	17	邀集業者與主管機關就「運籌管理之定位與租稅問題」會議。
	22	召開「亞太營運中心計畫第三階段規劃─電子商務」業界建議座談會。
	24	邀集業者與主管機關就「發展全球運籌中心關務問題檢討」會議。
3	17	邀集業者與主管機關就「物流中心貨物通關辦法」有關三億元資本額限制之檢討會議。
	20	邀集財政部等 20 個單位商討「發展臺灣成為全球運籌管理中心計畫」會議。
	24	邀集內政、財政、經濟部與衛生署研商廢除「營利事業統一發證制度」相關事宜協調會。
	28	「亞太營運中心第二階段立法計畫」於立院三讀通過制定「菸酒稅法」。
	29	「發展臺灣成為全球運籌管理中心計畫」提經建會1007次委員會。
4	11	「發展臺灣成為全球運籌管理中心計畫」陳報行政院。
7	12	「全球運籌管理中心計畫」草案增列電子商務，提經建會第1018次委員會。
10	4	行政院通過「全球運籌發展計畫」，接續「亞太營運中心計畫」第二階段，以建構臺灣為全球運籌發展有利環境為推動目標。
	11	「亞太營運協調服務中心」更名為「財經法制協調服務中心」，繼續推動「全球運籌發展計畫」，與協調其他法規鬆綁與創新之任務。

2001 年

月	日	內　　　　　　　容
1	4	「全球運籌發展計畫推動小組」成立，召開第一次會議。

2	15	邀集相關部會召開「發展臺灣成為亞太營運中心計畫」第二階段成果總檢討「協調會」。
3	1	發展臺灣成為亞太營運中心計畫」第二階段成果總檢討提經建會第1038 次委員會。
	27	行政院核可「發展臺灣成為亞太營運中心計畫」第二階段成果總檢討,同意結案。

資料來源:行政院經濟建設委員會;本研究整理。

附錄 1-2　經濟部列管輔導之僑外商重大投資計畫

彙整日期：1996 年 11 月 15 日

製表單位：經濟部投資業務處

單位：新臺幣

推動僑外商投資計畫名稱	目前進度	需協助解決事項
1.美商莫仕公司 產品：電腦連接器 投資金額：10 億元		請求協助取得擴廠土地。
2.韓國貿易中心大韓貿易公司 產品：半導體 投資金額：未定	已表達投資意願。	擬取得斗六擴大工業區或科技工業區設廠土地。
3.日商 SMC 株式會社 產品：空氣壓機器 投資金額：3 億元	已實際了解投資環境。	擬取得斗六擴大工業區設廠土地。
4.美商 EFFEM FOODS INC 產品：寵物食品 投資金額：未定	該公司於 10 月 22、23 日來華考察建廠土地。	需本處協助尋找建廠土地。
5.比商 Barco 公司 產品：通訊器材 投資金額：未定	1. 選定我系通科技公司作為 cable TV 產品之代理商，進而投資新臺幣 6,000 萬元參與系通科技公司 20% 股權，共同開發 TV monitor,cable TV,Graphic 與 Texitle（電腦控制紡紗機器）等產品。 2. Barco 公司將持續擴大在華投資。	無。

6.德商西門子公司 產品：64M 記憶體、256M 記憶體 投資金額：459 億元	該公司半導體事業部總裁已於 11 月 7 日來華與合作投資之茂矽公司簽約。	無
7.美商 VLSI（偉矽科技）公司 產品：半導體	與本部簽署策略聯盟意願書案已協商定案，惟因該公司總裁無法來臺簽署，故尚未完成。	無
8.澳商興世亞（CSR）公司 產品：營建材料	1996 年 5 月與中華開發信託公司簽訂策略聯盟合約，作為未來雙方在亞太地區合作發展的起點。	無
9.美商網威公司（NOVELL） 產品：網路相關產品	1.目前 NOVELL 公司與資策會洽談合作計畫，NOVELL 將在資策會設立 NOVELL 網路產品認證測試中心，並作為人員訓練及技術支援中心。 2.該公司與本部簽署策略聯盟意願書表示興趣，目前就本處所提供策略聯盟意願書草稿進行研究。	無
10.美商 Defect & Yield Management 公司 產品:半導體製程控制軟體 投資金額：0.5 億元	擬在新竹科學園區設立子公司，正向科學園區管理局申請中。	無
11.美商摩托羅拉公司 產品：半導體	本處已於 1996 年 7 月 25 日邀集工業局國貿局等相關單位召開協調會議，建請臺灣區電機電子公會蒐集資料後送政府相關單位研辦。	擬申請開放大陸半導體產品進口。
12.主辦「航太工業之發	1.為鼓勵中部地區廠商參與	無

展暨中小企業參與之契機」說明會案	航太工業以便漢翔航太工業股份有限公司接獲訂單或外人投資航太業時，我國廠商可及時配合生產提供零配件，本處已於 10 月 22 日假臺中漢翔航太工業股份有限公司舉辦說明會，並參觀漢翔公司。 2. 鑒於 10 月 22 日在臺中舉辦時廠商反應熱烈，本處另於 1996 年 11 月 15 日假高雄縣岡山鎮漢翔公司發動製造廠再舉辦一場。	
13. 漢翔航太工業股份有限公司研製發電機案	漢翔公司刻根據該公司現有能量研發中型發電機，整套設備僅 40 呎，對於我國赴開發中國家投資廠商頗為適用，可加強推廣，預計一年內可商業量產。	無
14. Ansaldo Volund 公司擬在臺成立亞太環保中心	10 月 15 日該公司與中興電工完成加強合約，協助中興電工解決承包之焚化爐工程。	持續追蹤該公司設立亞太環保中心計畫
15. 澳商 George Norman & Co. pty. Ltd 產品：不織布紡織機 投資金額：未定	該公司正進行來華投資之簽約事宜，本處將請駐澳大利亞代表處經濟組持續追蹤辦理。	無
合計：件數 15 件，投資金額 508.5 億元		

經濟部投資審議委員會核准或建廠中之投資計畫

推動僑外商投資計畫名稱	目前進度	需協助解決事項	相關部會辦理情形
1. 德商拜耳遠東聚優公司 產品：MDI+TDI 投資金額：492 億元 （1996-1998　118 億 1998-2000　144 億 2000-2004　230 億）	該公司已於 1996 年 5 月 22 日以拜耳（專）字第 96010 號函向臺灣省政府及臺中港務局申請使用臺中港北填方區 78 公頃新生地建廠、西碼頭區西 10 號碼頭及西 10 號碼頭後側約 12 公頃建儲槽區。	1. 向臺中港務局申請適用獎參條例開發工業區設廠，惟該局認為主管機關應為經濟部。 2. 投資計畫尚包括臺灣志氣、三福化工等公司聯合設廠，其所需土地係直接向臺中港務局租用，抑或透過拜耳公司轉租，尚未獲澄清。 3. 拜耳公司要求該公司廠房以外半徑 2 公里範圍內，禁止興建學校、住宅、食品工廠及使用光	需臺灣省政府協調臺灣省議會辦理項目： 1. 投資經營權許可期 50 年及後續更新經營許可期 50 年，以及地上權設定 50 年：依土地法第 25 條規定，需送臺灣省議會同意。 2. 拜耳公司廠房以外 2 公里範圍內禁止使用光氣製程化工廠：依據臺中港整體規劃土地使用計畫辦理。 3. 租金計算：依獎參條例相關規定，土地租金依

		氣工廠。 4. 拜耳公司要求依據獎參條例取得本計畫興建、經營權，75年及後續更新經營權50年。 5. 拜耳公司要求臺中港土地租金按六折計收。	公告地價5%計收，本案每年5元。 4. 拜耳公司相關人員、車輛及物資使用港區及聯外交通設施，同意依商港法規定，並由臺中港務局列入合約辦理。
2.德商凱米特公司 產品：正丁基鋰 投資金額：8億元	1996年9月20日該公司投資案業經本部投審會審議通過。	1. 提供2公頃土地供其建廠。 2. 請求所生產產品正丁基鋰列入「重要科技事業屬於製造業及技術服務業部分適用範圍標準」適用5年免稅。	1. 該公司日前選定彰濱工業區，請渠1996年11月23日該區土地售出時提出申購。 2. 已請該公司提供資料予工業局作為下次修正「重要科技事業屬於製造業及技術服務業部分適用範圍標準」納入考慮。

3.日商古河銅箔公司 產品:印刷電路板銅箔 投資金額：22.5 億元	1996 年 8 月 26 日 該公司投資案業經 本部投審會審議通 過。	擬取得斗六擴 大工業區設廠 土地。	請該公司於 11 月初斗六 擴大工業區土 地公告出售時 提出申購。
合計：件數 3 件，投資金額：522.5 億元			

經濟部列管輔導之僑外商重大投資計畫辦理情形（營運中）

推動僑外商投資計畫名稱	本處協助事項	需協助解決事項	相關部分辦理情形
1. 美商泛林（LAM Research）公司 產品：半導體製造設備 投資金額：3.5億元	1. 協助該公司於1996年9月成立「亞太技術研發及訓練中心」。 2. 追蹤該公司與本部精密工業發展推動小組合作規劃「探討公元2005年世界半導體場趨勢，市場行銷資訊」計畫。		
2. 美商應用材料（Applied Materials）公司 產品：半導體製造設備 投資金額：10億元	協助該公司於1996年5月成立技術研發及製造中心。	該公司擬以應用材料公司為名申請公司設立登記請求本處協助。	本處已協調本部商業司並順利取得公司設立登記。
3. 美商 HMM（Hicks, Muse/Mills & Partners）公司 （投資開發集團）	1. 協助 HMM 併購中壢之康旭電子公司（生產通訊用連接器），策略經營發展成為該集團「亞洲鍍金及零件製造中心」。 2. 目前正積極協助推動第四期中美	請求本處協助媒介有興趣參與合作經營夥伴。	本處正安排舉辦說明會，邀請有興趣投資廠商參加。

	企業聯合投資計畫，合作產品對象為印刷電路板與精密切割器材產業。		
4.日商九州電子 產品：半導體 投資金額：5.4 億元	1. 協助該公司了解臺灣投資環境、投資優惠措施、以及工業用地情況、薪資水準、勞工招募方法等等。 2. 提供進口設備的進口關稅及申請手續的相關資料與該公司。		
5.日商大塚製藥 產品：飲料 投資金額：2.1 億元	提供有關投資獎勵措施及其相關資料。		
6.日商德山曹達 產品：半導體洗淨液（現階段） 投資金額：0.5 億元	1. 協助該公司了解臺灣投資環境、投資優惠措施，以及公司成立手續等等。 2. 說明重要科技事業的申請方法及其規定。 3. 已經以「臺灣德亞瑪（股）有限公司」為名，完成公司成立申請手續（資本額 500	1. 協助說明該公司產品性質，並促進該公司產品列入「重要科技事業屬於製造業及技術服務業部分適用範圍標準」適用	

	萬新臺幣）。預計日後將增資新臺幣2億元，申請適用重要科技事業標準。目前已完成工業用地的購買契約。	範圍內。 2. 今後預計將在工廠設立申請，駐臺人員居留證等方面提供支援。	
合計：件數 6 件，投資金額：21.5 億元			

附錄 1-3　各部會配合發展全球運籌管理之具體推動措施

一、電子商務面

具體措施	執行事項	應增修法規及其他事項	預定進度	主辦機關
（一）電子簽章				
1.立法確立電子簽章、電子文件、電子契約之效力	積極推動「電子簽章法」之立法工作，以確立「電子簽章」及「電子文件」之法律效力。	完成「電子簽章法」及相關子法之立法工作	2001 年 6 月完成，相關管理辦法於母法完成六個月後完成立法	經濟部
（二）電子付款機制				
1.檢討修訂銀行辦理電子銀行業務安全控管基準	由銀行視網路銀行業務風險之高低及其承擔風險之能力，自行採用排除交易不可否認性之安全機制。	修訂「金融機關辦理電子銀行業務安全控管作業基準」	2000 年 7 月完成	財政部
2.銀行客戶之保護	配合「金融機構辦理電子銀行業務安全控管作業基準」之修正及「電子簽章法」之立法，檢討網路銀行與使用者之風險負擔、注意義務及舉證責任。	建議檢討「個人電腦銀行業務及網路銀行業務服務契約範本」。	2000 年 9 月完成	財政部
（三）電子發票制度				
推動電子發票制度	1.建立電子發票網路服務競爭市場，同意業者在一定安控標準下，任選使用系統憑證機構及網路傳輸工具		2000 年 12 月底完成	財政部

	2.檢討電子發票記載內容		2000 年 12 月底完成	財政部
	3.擴大至全國各縣市辦理		2000 年 12 月底完成	財政部
	4.稽徵機關進行調查時，營業人只須提供相關電子發票記錄檔案即可，得免列印電子發票內容。	修正「網際網路傳輸電子計算機統一發票試辦作業要點」第六點。	2000 年 12 月底完成	財政部
（四）電子資料交換				
	1.利用網路提升企業／政府效率	1.協助企業訂定產業別 EDI/XML 標準	適時辦理	經濟部、財政部
		2.輔導企業應 XML/EDI 標準	適時辦理	經濟部
		3.電子化政府應預留整合企業應用 XML/EDI 系統之空間	適時辦理	研考會
	2.營造加值網路業者之競爭環境	放寬加值網路業者相關業務限制。	2001 年 6 月完成	財政部、（交通部）（公平會）
（五）網域名稱保護				
訂定網域名稱保護之相關規定	增訂有關網域名稱管理、爭議處理等之法律適用規範	檢討訂定網域名稱管理之相關準則與爭議處理之相關規範及機制。	2001 年 6 月	交通部、經濟部

二、物流面

具體措施	執行事項	應增修法規及其他事項	預定進度	主辦機關
（一）改善貨物通關作業環境				
1.建立運籌業者經營環境	1.檢討運籌業者無法替在國內無營業據點的公司提供發貨服務之限制	檢討修正「運輸工具進出口通關辦法」檢討關稅總局85.10.4臺總局緝85108442號函規定	2000年12月完成	財政部
	2.建立物流中心公平競爭及便利之作業環境	檢討「物流中心貨物通關辦法」中有關資本額限制及研議改以彈性保證金與責任保險	2000年12月完成	財政部
2.提昇貨物在不同管制區域流通效率	1.整合空港、海港聯運	規劃延伸高雄機場跑道長度，改善空運貨物環境，並整合海空運複合運送系統，以擴大高雄港（海港、空港）運輸	2000年12月完成	交通部高雄市政府
	2.整合跨關區關務作業	1.訂定「轉口貨物關務作業要點」取代「海空聯運轉運暫行作業要點」	2000年12月完成	財政部
		2.各關區關務作業及系統整合	2001年3月完成表單作業整合及電腦	財政部

			系統整合	
	3.取消貨物流通 須押運的限制	1.降低押運比例	財政部於 2000年3月完 成「押運制 度改進方案 研究」	財政部
		2.推動港區內船 舶駁轉作業	交通部預定 2000 年 9 月 完成第一階 段，2002 年 6 月完成第二 階段作業。	交通部
		3.興建高雄港區 聯絡道路	2005年12月完 成聯絡道路 建設。	交通部 高雄市 政府
		4.短期：採分級 管理制度，對 優良廠商准予 免押運改以抽 查方式代替。 長期：修正海 關管理貨櫃辦 法，研究以保 證保險 （Bond），銀 行保證或押金 方式來取代押 運。	2000 年 12 月 完成 2001 年 6 月 提出具體實 施方案	財政部
3.機場通關 作業時間 配合業者 需求	研究海關作業配 合業者需求採取 二班制		2000年12月提 出具體實施 方案	財政部

4.健全保稅貨物作業環境	1.簡化保稅貨物通關程序以及保稅貨物在不同保稅區域間流通時之限制	研究整合各保稅區間貨物申報作業	2000年12月提出具體改善措施	財政部
	2.放寬管制區外自主管理保稅倉庫須為自有土地及建築物之限制	修訂「保稅倉庫設立及管理辦法」第十二條	2000 年 9 月完成	財政部
（二）促進物流效率				
	1.推廣棧板尺寸標準化	研究制定單一棧板標準及獎勵之可行性。	2001 年 6 月提出具體規劃方案	經濟部
	2.推廣物流條碼之使用	1.輔導業者採用 ENA 配銷條碼及 ENA-128 條碼編號系統	2001 年 12 月	經濟部
		2.推廣商品條碼	2001 年 12 月	
（三）提供適用土地				
	1.規劃協助業者取得物流用地之輔導機制	1.修正「都市計畫法臺灣省施行細則」，放寬工業區準工業（倉儲業）生產行為進駐之規定	2000 年 9 月完成	內政部
		2.提供業者租用公有或公營事業土地，以協助業者解決土地問題	適時辦理	經濟部、內政部、財政部

	3.修正「工商綜合區設置管理辦法」及訂定「倉儲設施於工業用地審核作業規定」	2001 年 6 月完成	經濟部
2.研究由政府推動設置物流專區之可行性	評選適當用地設置物流專區，必要時得配合農地釋出方案，選定適當農址變更使用	2001 年 6 月完成	經濟部（交通部、農委會）
3.加速工業區更新，規劃提供工業區內物流用地		適時辦理	經濟部、內政部
4.加速桃園航空城貨運園區開發	1.採 BOT 開發或與加工出口區管理處合作開發，區內產業應以運籌相關之產業為主。	2001 年 12 月廠商進駐	交通部、經濟部
	2.研議規劃擴大開發桃園航空城貨運園區	2000 年 12 月完成	待協商確定（有關機關包括桃園縣政府、經濟部、內政部、交通部）

（四）營利事業所得稅之課徵				
	檢討現行營所稅課徵標準	檢討發貨中心在臺境內所得認定標準，並調整利潤貢獻度之比例	2000 年 9 月完成	財政部
（五）簡化商品檢驗程序				
	1.簡化電磁相容檢驗作業程序	縮減驗證登錄審查期限	適時辦理	經濟部
	2.推動商品檢驗相互承認協定	協定 1.大幅開放有資格之試驗室申請認可 2.加速與貿易夥伴簽署相互承認協定	適時辦理	經濟部
	3.簡化免驗商品申請程序，並放寬同一規格型式樣品數量限制	建立「免驗案件自動化系統」	2000 年 12 月完成	經濟部
（六）改善國內物流配送系統				
	改善都會區物流配送系統停車位不足問題	1.都會區內設立專供貨車停車及卸貨之路邊停車位	2001 年 6 月	直轄市及各縣市政府
		2.檢討修正「建築技術規則」有關建築物新建、改建、變更用途或增建部分，應設置裝卸位之規	2000 年 9 月完成	內政部

		定。		
（七）加強國內全球運籌人才培育				
	整合政府、學界與業界資源，合作設立全球運籌相關專業人才培訓單位，提供專業訓練課程	1.規劃全球運籌人材培訓推動計畫	每半年檢討	經建會
		2.規劃物流人才培訓推動計畫	每半年檢討	經建會

三、基礎設施面

具體措施	執行事項	應增修法規及其他事項	預定進度	主辦機關
（一）改善基礎設施				
1.擴充機場貨運作業能量	增建中正機場貨機停機坪	加速推動「中正機場五年發展計畫」	2002年12月興建完成	交通部
2.改善港口與機場聯絡道路基礎設施	改善機場貨運聯外交通	加速興建完成臺4線高架專用道路或其它替代道路方案，並拓寬改善相關道路	2000年12月規劃完成	交通部

資料來源：行政院經濟建設委員會，2002 年 12 月

附錄 2-1　對大陸地區從事間接投資或技術合作管理辦法

發布日期：中華民國 79 年 10 月 06 日

廢止日期：中華民國 82 年 03 月 01 日

第 1 條

臺灣地區人民、法人、團體或其他機構對大陸地區投資或從事技術合作者，除法律另有規定外，依本辦法之規定辦理。本辦法未規定者，適用其他規定。

第 2 條

本辦法之主管機關為經濟部，以經濟部投資審議委員會（以下簡稱投審會）為執行單位。

第 3 條

臺灣地區人民、法人、團體或其他機構不得直接在大陸投資或從事技術合作，其間接之投資或技術合作，應經主管機關許可。

第 4 條

前條所稱臺灣地區人民、法人、團體或其他機構對大陸地區間接之投資，應經由其在第三地區投資設立之公司、事業，依左列方式為之：

一、在大陸地區單獨或聯合出資，或與大陸地區人民、法人、團體或其他機構共同投資在當地創設新事業，或增加資本擴展原有在當地事業或對於當地事業股份之購買或其他方式出資。

二、在大陸地區設置或擴展分公司或其他營業場所。

三、在第三地區與大陸地區人民、法人、團體或其他機構在國外投資設立之公司、事業聯合出資創新事業，或增加資本擴展原有事業或對於當地事業股份之購買或其他方式之出資。

前條所稱臺灣地區人民、法人、團體或其他機構對大陸地區間接之技術合作，應經由其在第三地區投資設立之公司、事業，依左列方式為之：

一、提供專門技術、專利權、商標專用權或著作權與大陸地區人民、法人、團體或其他機構約定不作為股本而取得一定報酬金之合作。

二、提供專門技術、專利權、商標專用權或著作權與大陸地區人民、法人、團體或其他機構在國外投資設立之公司、事業約定不作為股本而取得一定報酬金之合作。

第 5 條

臺灣地區人民、法人、團體或其他機構依前條規定對大陸地區從事間接之投資或技術合作之產業、產品或技術合作項目，以不影響國家安全及經濟發展為限，由主管機關會商目的事業主管機關訂定公告之，其增刪亦同。

第 6 條

臺灣地區人民、法人、團體或其他機構依前二條規定對大陸地區投資或從事技術合作者，應先填具申請書向投審會申請核准。但以外匯作為股本投資，每案投資金額在一百萬美元以下者，得於開始實行投資後六個月內申請核備。

臺灣地區人民、法人、團體或其他機構於本辦法施行前已在大陸地區投資或從事技術合作符合前二條規定者，應於本辦法施行之日起六個月內申請核備。

第 7 條

依本辦法規定申請核准或核備之投資或技術合作案件，得由主管機關協調有關機關（機構）或相關公會提供輔導措施。

第 8 條

　　依第六條規定申請核准或核備之案件，有虛偽記載者，得由主管機關撤銷之。

第 9 條

　　違反本辦法規定投資或從事技術合作者，由主管機關洽請相關機關依有關法令辦理。

第 10 條

　　本辦法自發布日施行。

附錄 3-1　獎勵投資條例

發布日期：中華民國 79 年 10 月 06 日

廢止日期：中華民國 82 年 03 月 01 日

第 1 條

臺灣地區人民、法人、團體或其他機構對大陸地區投資或從事技術合作者，除法律另有規定外，依本辦法之規定辦理。本辦法未規定者，適用其他規定。

第 2 條

本辦法之主管機關為經濟部，以經濟部投資審議委員會（以下簡稱投審會）為執行單位。

第 3 條

臺灣地區人民、法人、團體或其他機構不得直接在大陸投資或從事技術合作，其間接之投資或技術合作，應經主管機關許可。

第 4 條

前條所稱臺灣地區人民、法人、團體或其他機構對大陸地區間接之投資，應經由其在第三地區投資設立之公司、事業，依左列方式為之：

一、在大陸地區單獨或聯合出資，或與大陸地區人民、法人、團體或其他機構共同投資在當地創設新事業，或增加資本擴展原有在當地事業或對於當地事業股份之購買或其他方式出資。

二、在大陸地區設置或擴展分公司或其他營業場所。

三、在第三地區與大陸地區人民、法人、團體或其他機構在國外投資設立之公司、事業聯合出資創新事業，或增加資本擴展原有事業或對於當地事業股份之購買或其他方式之出資。

前條所稱臺灣地區人民、法人、團體或其他機構對大陸地區間接之技術合作，應經由其在第三地區投資設立之公司、事業，依左列方式為之：

一、提供專門技術、專利權、商標專用權或著作權與大陸地區人民、法人、團體或其他機構約定不作為股本而取得一定報酬金之合作。

二、提供專門技術、專利權、商標專用權或著作權與大陸地區人民、法人、團體或其他機構在國外投資設立之公司、事業約定不作為股本而取得一定報酬金之合作。

第 5 條

臺灣地區人民、法人、團體或其他機構依前條規定對大陸地區從事間接之投資或技術合作之產業、產品或技術合作項目，以不影響國家安全及經濟發展為限，由主管機關會商目的事業主管機關訂定公告之，其增刪亦同。

第 6 條

臺灣地區人民、法人、團體或其他機構依前二條規定對大陸地區投資或從事技術合作者，應先填具申請書向投審會申請核准。但以外匯作為股本投資，每案投資金額在一百萬美元以下者，得於開始實行投資後六個月內申請核備。

臺灣地區人民、法人、團體或其他機構於本辦法施行前已在大陸地區投資或從事技術合作符合前二條規定者，應於本辦法施行之日起六個月內申請核備。

第 7 條

依本辦法規定申請核准或核備之投資或技術合作案件，得由主管機關協調有關機關（機構）或相關公會提供輔導措施。

第 8 條

依第六條規定申請核准或核備之案件，有虛偽記載者，得由主管機關撤銷之。

第 9 條

違反本辦法規定投資或從事技術合作者，由主管機關洽請相關機關依有關法令辦理。

第 10 條

本辦法自發布日施行。

附錄 3-2　促進產業升級條例

公布日期：民國 79 年 12 月 29 日

廢止日期：民國 99 年 05 月 12 日

第一章　總則

第 1 條

為促進產業升級，健全經濟發展，特制定本條例。

本條例所稱產業，指農業、工業及服務業等各行業。

第 2 條

促進產業升級，依本條例之規定；本條例未規定者，適用其他有關法律之規定。但其他法律規定較本條例更有利者，適用最有利之法律。

第 3 條

本條例所稱公司，指依公司法設立之公司。

第 4 條

本條例所稱工業主管機關：在中央為經濟部工業局；在直轄市為直轄市政府建設局；在縣（市）為縣（市）政府。

本條例所定事項，涉及各目的事業主管機關職掌者，由各目的事業主管機關會同相關主管機關辦理。

第二章　租稅減免

第 5 條

公司購置專供研究與發展、實驗或品質檢驗用之儀器設備及節約能源或利用新及淨潔能源之機器設備，得按二年加速折舊。但在縮短後之耐用年數內，如未折舊足額，得於所得稅法規定之耐用年數內一年或分年繼續折舊，至折足為止。

前項加速折舊之核定機關、申請期限、申請程序及其他相關事項，由行政院定之。

第 6 條

為促進產業升級需要，公司得在下列用途項下支出金額百分之五至百分之二十限度內，自當年度起五年內抵減各年度應納營利事業所得稅額：

一、投資於自動化設備或技術。

二、投資於資源回收、防治污染設備或技術。

三、投資於利用新及淨潔能源、節約能源及工業用水再利用之設備或技術。

四、投資於溫室氣體排放量減量或提高能源使用效率之設備或技術。

五、投資於網際網路及電視功能、企業資源規劃、通訊及電信產品、電子、電視視訊設備及數位內容產製等提升企業數位資訊效能之硬體、軟體及技術。

公司得在投資於研究與發展及人才培訓支出金額百分之三十五限度內，自當年度起五年內抵減各年度應納營利事業所得稅額；公司當年度研究發展支出超過前二年度研發經費平均數，或當年度人才培訓支出超過前二年度人才培訓經費平均數者，超過部分得按百分之五十抵減之。

前二項之投資抵減，其每一年度得抵減總額，以不超過該公司當年度應納營利事業所得稅額百分之五十為限。但最後年度抵減金額，不在此限。

第一項及第二項投資抵減之適用範圍、核定機關、申請期限、申請程序、施行期限、抵減率及其他相關事項，由行政院定之。

投資抵減適用範圍，應考慮各產業實際能力水準。

第 7 條

為促進產業區域均衡發展，公司投資於資源貧瘠或發展遲緩鄉鎮地區之一定產業，達一定投資額或增僱一定人數員工者，得按其投資金額百分之二十範圍內，自當年度起五年內抵減各年度應納營利事業所得稅額。

前項地區、產業別、投資額、僱用員工人數、核定機關、申請期限、申請程序及其他相關事項，由行政院定之。

第 8 條

為鼓勵對經濟發展具重大效益、風險性高且亟需扶植之新興重要策略性產業之創立或擴充，營利事業或個人原始認股或應募屬該新興重要策略性產業之公司發行之記名股票，持有時間達三年以上者，得依下列規定自當年度起五年內抵減各年度應納營利事業所得稅額或綜合所得稅額：

一、營利事業以其取得該股票之價款百分之二十限度內，抵減應納之營利事業所得稅額。

二、個人以其取得該股票之價款百分之十限度內，抵減應納之綜合所得稅額；其每一年度之抵減金額，以不超過該個人當年度應納綜合所得稅額百分之五十為限。但最後年度抵減金額，不在此限。

前項第二款之抵減率，自八十九年一月一日起每隔二年降低一個百分點。第一項新興重要策略性產業之適用範圍、核定機關、申請期限、申請程序及其他相關事項，由行政院召集相關產業界、政府機關、學術界及研究機構代表定之，並每二年檢討一次，做必要調整及修正。

第 9 條

公司符合前條新興重要策略性產業適用範圍者，於其股東開始繳納股票價款之當日起二年內得經其股東會同意選擇適用免徵營利事業所得稅並放棄適用前條股東投資抵減之規定，擇定後不得變更。

前項選擇適用免徵營利事業所得稅者，依下列規定辦理：

一、屬新投資創立者，自其產品開始銷售之日或開始提供勞務之日起，連續五年內免徵營利事業所得稅。

二、屬增資擴展者，自新增設備開始作業或開始提供勞務之日起，連續五年內就其新增所得，免徵營利事業所得稅。但以增資擴建獨立生產或服務單位或擴充主要生產或服務設備為限。

第二項免徵營利事業所得稅，得由該公司在其產品開始銷售之日或勞務開始提供之日起，二年內自行選定延遲開始免稅之期間；其延遲期間自產品開始銷售之日或勞務開始提供之日起最長不得超過四年，延遲後免稅期間之始日，應為一會計年度之首日。

公司以未分配盈餘轉增資，其增資計畫符合第八條規定之適用範圍者，準用第二項及第三項之規定。

第 9-1 條

屬科學工業之公司，於九十一年一月一日起自國外輸入自用之機器、設備，在國內尚未製造，經經濟部專案認定者，免徵進口稅捐及營業稅。

前項公司輸入之機器、設備於輸入後五年內，因轉讓或變更用途，致與減免之條件或用途不符者，應予補徵稅捐及營業稅。但轉讓與設於科學工業園區、加工出口區及其他屬科學工業之公司者，不在此限。

第一項所稱國內尚未製造之機器、設備，由中央工業主管機關認定

之。

第一項公司如屬海關管理保稅工廠者，自國外輸入之原料，免徵進口稅捐及營業稅。但輸往保稅範圍外時，應予補徵之。

第 9-2 條

為健全經濟發展，並鼓勵製造業及其相關技術服務業之投資，公司自九十一年一月一日起至九十二年十二月三十一日止，或自九十七年七月一日起至九十八年十二月三十一日止，新投資創立或增資擴展者，得依下列規定免徵營利事業所得稅：

一、屬新投資創立者，自其產品開始銷售或開始提供勞務之日起，連續五年內免徵營利事業所得稅。

二、屬增資擴展者，自新增設備開始作業或開始提供勞務之日起，連續五年內就其新增所得，免徵營利事業所得稅。但以擴充獨立生產或服務單位或擴充主要生產或服務設備為限。

前項免徵營利事業所得稅，得由該公司在其產品開始銷售或勞務開始提供之日起，二年內自行選定延遲開始免稅之期間；其延遲期間，自產品開始銷售或勞務開始提供之日起，最長不得超過四年。延遲後免稅期間之始日，應為一會計年度之首日。

第一項免稅所得或新增免稅所得減免稅額，於九十七年七月一日至九十八年十二月三十一日期間內所為之投資，以其投資總金額為限。

第一項公司免稅之要件、適用範圍、核定機關、申請期限、申請程序及其他相關事項之辦法，由行政院定之。

公司已適用第八條或第九條規定之獎勵者，不得重複申請第一項之獎勵；於九十七年七月一日至九十八年十二月三十一日期間內所為之新投資創立或增資擴展者，其申請免徵營利事業所得稅，以一次

為限。

第 10 條

依本條例規定適用免徵營利事業所得稅之公司，在免稅期間內，設備應按所得稅法規定之固定資產耐用年數逐年提列折舊。

適用免徵營利事業所得稅之事業於免稅期間屆滿之日前，將其受免稅獎勵能獨立運作之全套生產或服務設備或應用軟體，轉讓與其他事業，繼續生產該受獎勵產品或提供受獎勵勞務，且受讓之公司於受讓後符合第八條新興重要策略性產業適用範圍者，其原免稅期間未屆滿部分之獎勵，得由受讓之公司繼續享受。

前項情形，轉讓之公司於轉讓後不符合第八條之新興重要策略性產業適用範圍者，應終止其未屆滿之免稅獎勵。

第 11 條

中華民國國民以自己之創作或發明，依法取得之專利權，提供或出售予中華民國境內公司使用，經目的事業主管機關核准者，其提供該公司使用所得之權利金，或售予該公司使用所得之收入，百分之五十免予計入綜合所得額課稅。

第 12 條

為提升國內產業國際競爭力，避免國內產業發展失衡，中華民國國民或公司進行國外投資或技術合作，政府應予適當之協助及輔導。

公司符合下列情形之一，得按國外投資總額百分之二十範圍內，提撥國外投資損失準備，供實際發生投資損失時充抵之：

一、經經濟部核准進行國外投資者。

二、依第六項所定辦法規定，於實行投資後報請經濟部准予備查者。

適用前項國外投資損失準備之公司，以進行國外投資總股權占該國

外投資事業百分之二十以上者為限。

公司依第二項提撥之國外投資損失準備，在提撥五年內若無實際投資損失發生時，應將提撥之準備轉作第五年度收益處理。

第二項公司因解散、撤銷、廢止、合併或轉讓依所得稅法規定計算清算所得時，國外投資損失準備有累積餘額，應轉作當年度收益處理。

第一項國外投資或技術合作之協助及輔導措施，與第二項公司申請核准或備查其國外投資之條件、程序及其他應遵行事項；其辦法由經濟部定之。

第 13 條

非中華民國境內居住之個人及在中華民國境內無固定營業場所之營利事業，依華僑回國投資條例或外國人投資條例申請投資經核准者，其取得中華民國境內之公司所分配股利或合夥人應分配盈餘應納之所得稅，由所得稅法規定之扣繳義務人於給付時，按給付額或應分配額扣繳百分之二十，不適用所得稅法結算申報之規定。

非中華民國境內居住之個人，經依華僑回國投資條例或外國人投資條例核准在中華民國境內投資，並擔任該事業之董事、監察人或經理人者，如因經營或管理其投資事業需要，於一課稅年度內在中華民國境內居留期間超過所得稅法第七條第二項第二款所定一百八十三天時，其自該事業所分配之股利，得適用前項之規定。

第 14 條

外國營利事業依華僑回國投資條例或外國人投資條例核准在中華民國境內投資者，該外國營利事業之董事或經理人及所派之技術人員，因辦理投資、建廠或從事市場調查等臨時性工作，於一課稅年度內在中華民國境內居留期間合計不超過一百八十三天者，其由該

外國營利事業在中華民國境外給與之薪資所得，不視為中華民國來源所得。

第 14-1 條

外國營利事業或其在中華民國境內設立之分公司，自行或委託國內營利事業在中華民國設立物流配銷中心，從事儲存、簡易加工，並交付該外國營利事業之貨物予國內客戶，其所得免徵營利事業所得稅。

前項物流配銷中心應具備之規模、適用範圍與要件、申請程序、核定機關及其他相關事項之實施辦法，由行政院定之。

第 15 條

公司為促進合理經營，經經濟部專案核准合併者，依下列各款規定辦理：

一、因合併而發生之印花稅、契稅、證券交易稅及營業稅一律免徵。

二、事業所有之土地隨同一併移轉時，經依法審核確定其現值後，即予辦理土地所有權移轉登記，其應繳納之土地增值稅，准予記存，由合併後之事業於該項土地再移轉時，一併繳納之；合併之事業破產或解散時，其經記存之土地增值稅，應優先受償。

三、依核准之合併計畫，出售事業所有之機器、設備，其出售所得價款，全部用於或抵付該合併計畫新購機器、設備者，免徵印花稅。

四、依核准之合併計畫，出售事業所有之廠礦用土地、廠房，其出售所得價款，全部用於或抵付該合併計畫新購或新置土地、廠房者，免徵該合併事業應課之契稅及印花稅。

五、因合併出售事業所有之工廠用地,而另於工業區、都市計畫工
　　業區或於本條例施行前依原獎勵投資條例編定之工業用地內購
　　地建廠,其新購土地地價,超過原出售土地地價扣除繳納土地
　　增值稅後之餘額者,得向主管稽徵機關申請,就其已納土地增
　　值稅額內,退還其不足支付新購土地地價之數額。

六、前款規定於因生產作業需要,先行購地建廠再出售原工廠用地
　　者,準用之。

七、因合併而產生之商譽,得於十五年內攤銷。

八、因合併而產生之費用,得於十年內攤銷。

前項第三款至第六款機器、設備及土地廠房之出售及新購置,限於
合併之日起二年內為之。

公司依第一項專案合併,合併後存續或新設公司得繼續承受消滅公
司合併前依法已享有而尚未屆滿或尚未抵減之租稅獎勵。但適用免
徵營利事業所得稅之獎勵者,應繼續生產合併前消滅公司受獎勵之
產品或提供受獎勵之勞務,且以合併後存續或新設公司中,屬消滅
公司原受獎勵且獨立生產之產品或提供之勞務部分計算之所得額為
限;適用投資抵減獎勵者,以合併後存續或新設公司中,屬消滅公
司部分計算之應納稅額為限。

公司組織之營利事業,虧損及申報扣除年度,會計帳冊簿據完備,
均使用所得稅法第七十七條所稱之藍色申報書或經會計師查核簽
證,且如期辦理申報並繳納所得稅額者,合併後存續或另立公司於
辦理營利事業所得稅結算申報時,得將各該辦理合併之公司於合併
前經該管稽徵機關核定尚未扣除之前五年內各期虧損,按各該辦理
合併之公司股東因合併而持有合併後存續或另立公司股權之比例計
算之金額,自虧損發生年度起五年內,從當年度純益額中扣除。

第一項專案合併之申請程序、申請期限、審核標準及其他相關事
項，由經濟部定之。

第 16 條

公司為調整事業經營，將其能獨立運作之生產或服務設備及該設備
坐落之土地轉投資，其投資之事業仍繼續以提供原產品或勞務為主
或提供較原產品、勞務附加價值為高之產品或勞務，且公司持有該
投資事業之股權達百分之四十以上，其轉投資應納之土地增值稅由
公司提供合於稅捐稽徵法第十一條之一規定之相當擔保，經土地所
在地直轄市或縣（市）政府，依地方自治法規核准者，得就該土地
應繳納之土地增值稅，按其轉投資之股權比例予以記存。

前項公司持有投資事業之股權低於百分之四十，或其投資之事業將
該土地再移轉，或未能繼續以提供原產品或勞務為主或提供較原產
品、勞務附加價值為高之產品或勞務時，公司應補繳記存之土地增
值稅。

第 17 條

公司因下列原因之一，遷廠於工業區、都市計畫工業區或於本條例
施行前依原獎勵投資條例編定之工業用地，其原有工廠用地出售或
移轉時，應繳之土地增值稅，按其最低級距稅率徵收：

一、工廠用地因都市計畫或區域計畫之實施，而不合其分區使用規
　　定者。

二、因防治污染、公共安全或維護自然景觀需要，主動申請遷廠，
　　並經主管機關核准者。

三、經政府主動輔導遷廠者。

依前項規定遷建工廠後三年內，將其工廠用地轉讓於他人者，其遷
廠前出售或移轉之原有工廠用地所減徵之土地增值稅部分，應依法

補徵之。

第 18 條

營利事業依所得稅法之規定，辦理資產重估之增值，不作收益課稅。

第 19 條

公司依公司法規定，將發行股票超過票面金額之溢價作為公積時，免予計入當年度營利事業所得額課稅。

第 19-1 條

為鼓勵員工參與公司經營，並分享營運成果，公司員工以其紅利轉作服務產業之增資者，其因而取得之新發行記名股票，採面額課徵所得稅。

第 19-2 條

九十三年一月一日起，個人或營利事業以其所有之專利權或專門技術讓與公司，或授權公司使用，作價抵繳其認股股款，經經濟部認定符合下列各款規定者，該個人或營利事業依所得稅法規定計算之所得，得選擇全數延緩至認股年度次年起之第五年課徵所得稅，擇定後不得變更。但於延緩課稅期間內轉讓其所認股份者，應於轉讓年度課徵所得稅：

一、所投資之公司經經濟部認定屬新興產業，且其所取得之專利權或專門技術，以供自行使用者為限。

二、作價認股之股份應達該次認股後公司已發行股份總數之百分之二十以上，且該次作價認股之股東人數不得超過五人。

前項所稱轉讓，指買賣、贈與、作為遺產分配、公司減資銷除股份、公司清算或因其他原因致股份所有權變更者。

個人依第一項規定計算之所得，未申報或未能提出證明文件者，其

成本及必要費用按作價抵繳認股股款金額之百分之三十計算減除之。

公司應於股東轉讓其所認股份年度或緩課期間屆滿年度之次年度一月三十一日前，依規定格式向該管稽徵機關列單申報該已轉讓或屆期尚未轉讓之股份資料；其未依限或未據實申報者，稽徵機關應依所得稅法第一百十一條第二項規定辦理。

第一項新興產業之適用範圍，由經濟部會商相關主管機關定之。

第　19-3　條

經經濟部認定屬新興產業之公司，自九十三年一月一日起，經董事會以董事三分之二以上之出席及出席董事過半數同意之決議，得發行認股權憑證予將其所有之專利權或專門技術讓與或授權公司使用之個人或營利事業。

前項持有認股權憑證者，得依約定價格認購特定數量之股份，其認購價格得不受公司法第一百四十條不得低於票面金額之限制。

公司依前項規定發行新股時，不適用公司法第二百六十七條規定。

第一項個人或營利事業取得之認股權憑證，不得轉讓。但因繼承者，不在此限。

個人或營利事業將其所有之專利權或專門技術讓與或授權公司使用，取得之對價全數為公司依第一項規定發行之認股權憑證者，應於行使認股權時，以執行權利日標的股票之時價超過認股價格之差額部分，依規定減除專利權或專門技術成本後之餘額，依所得稅法規定，計入執行權利年度之所得額，依法課徵所得稅。

個人或營利事業將其所有之專利權或專門技術讓與或授權公司使用，取得之對價，為現金、公司股份及第一項之認股權憑證者，現金及公司股份部分，應於專利權或專門技術讓與或授權年度，依所

得稅法規定，計算專利權或專門技術讓與或授權所得課稅；至其行使認股權時，執行權利目標的股票之時價超過認股價格之差額部分，應依所得稅法規定，計入執行年度之所得額，依法課徵所得稅。

個人依第五項規定計算之所得，未申報或未能提出證明文件者，其專利權或專門技術之成本及必要費用按執行權利目標的股票時價減除認股價格後之餘額之百分之三十計算減除之。

個人依第六項規定計算專利權或專門技術讓與或授權之所得，取得現金及公司股份部分，未申報或未能提出證明文件者，其成本及必要費用按取得現金及公司股份認股金額之百分之三十計算減除之；取得認股權證部分，其專利權或專門技術之成本及必要費用按執行權利目標的股票時價減除認股價格後之餘額之百分之三十計算減除之。

公司應於個人或營利事業行使認股權年度之次年度一月三十一日前，依規定格式向該管稽徵機關列單申報該行使認股資料；其未依限或未據實申報者，稽徵機關應依所得稅法第一百十一條第二項規定辦理。

第 19-4 條

公司股東取得符合本條例於中華民國八十八年十二月三十一日修正前第十六條及第十七條規定之新發行記名股票，於公司辦理減資彌補虧損收回股票時，上市、上櫃公司應依減資日之收盤價格，未上市、未上櫃公司應依減資日公司股票之每股資產淨值，計入減資年度該股東之所得額課稅。但減資日之收盤價格或資產淨值高於股票面額者，依面額計算。

前項規定，於獎勵投資條例施行期間取得之緩課股票，準用之。

本條例中華民國九十七年一月九日修正公布施行前已發生尚未核課
確定之案件，准予適用。

第 20 條

營利事業承接政府委託之研究發展計畫，免納營業稅。

營利事業得申請主管稅捐稽徵機關核准放棄適用前項免稅規定。但
核准後三年內不得變更。

第 20-1 條

為活絡債券市場交易，協助企業籌措資金，凡買賣公司債及金融債
券，免徵證券交易稅。

第三章　開發基金之設置及運用

第 21 條

行政院應設置開發基金，為下列各款之運用：

一、參加投資於產業升級或改善產業結構有關之重要事業、計畫、
　　企業合併、收購、分割事項，其為民間無力興辦或資力不足
　　者。

二、融貸資金於產業升級或改善產業結構有關之重要事業、計畫、
　　企業合併、收購、分割事項，其資金不足者。

三、配合產業政策，辦理融資貸款，輔導產業健全發展。

四、提撥適當比例，支援輔導中小企業發展有關之計畫。

五、配合主管機關為引進技術、加強研究發展、培訓人才、防治污
　　染、促進產業結構改善及健全經濟發展等所推動之計畫。

六、配合國家永續發展政策，辦理融資貸款輔導產業從事清潔生
　　產、節約能源及降低溫室效應等有關之計畫。

七、其他經行政院專案核准者。

開發基金之來源，除國庫撥款外，開發基金之作業賸餘，經預算程

序，得撥解基金，以供循環運用。

開發基金之管理及運用辦法，由行政院定之。

第四章　技術輔導

第 22 條

為強化技術引進與移轉，由政府捐助成立之技術輔導單位，應配合提供技術輔導。

前項技術輔導辦法，由行政院定之。

第 22-1 條

為提升技術，加強研究發展，促進產業升級，各中央目的事業主管機關得以補助方式，推動產業技術研究發展計畫。

前項補助之適用範圍、核定機關、申請程序、審核標準及其他相關事項，由各中央目的事業主管機關定之。

第五章　工業區之設置

第 23 條

為促進產業升級，中央工業主管機關得依產業發展需要，並配合各地區社會、經濟及實際情形，會商綜合開發計畫及區域計畫主管機關，研訂工業區設置方針，報請行政院核定。

工業主管機關、投資開發工業區之公民營事業、土地所有權人及興辦工業人得依工業區設置方針，勘選一定地區內土地，擬具可行性規劃報告及依環境影響評估法應提送之書件，層送中央工業主管機關轉請中央區域計畫或都市計畫主管機關及中央環境保護主管機關同意，並經經濟部核定編定為工業區，交當地直轄市或縣（市）政府於一定期間公告；逾期未公告者，得由中央工業主管機關逕為公告。

中央區域計畫主管機關審查前項可行性規劃報告時，應向申請人收

取審查費；其收費標準，由中央區域計畫主管機關定之。

經選定之工業區，位於都市計畫範圍內，須變更都市計畫配合者，得限期依都市計畫法規定程序變更。

經編定、開發之工業區，因環境變更無繼續存在必要者，得經工業主管機關層報經濟部核定廢止編定，交當地直轄市或縣（市）政府於一定期間公告；逾期未公告者，得由中央工業主管機關逕為公告；自公告廢止編定之當日起，不適用本條例之規定。但涉及土地使用分區變更者，應於都市計畫或區域計畫主管機關依法核定後，始得公告廢止編定。

前項工業區之廢止編定，應予投資開發工業區之公民營事業、土地所有權人、興辦工業人及區內各使用人陳述意見之機會。

第五項因環境變更無繼續存在必要之認定標準，由經濟部定之。

經濟部核定或廢止工業區之編定，應邀同有關機關成立審查小組審查。

第 24 條

工業區於工業主管機關決定開發時，由當地直轄市或縣（市）政府公告停止土地及房屋所有權之移轉，並停止受理工廠建築之申請；已核准設立之工廠尚未開始建廠者，其建廠計畫，應經工業主管機關之同意後，始得進行。

前項停止土地及房屋所有權移轉暨工廠建築申請期限，不得逾二年。

第 25 條

工業主管機關為開發工業區，得依法申請徵收私有土地。

第 26 條

工業主管機關開發工業區時，得按開發工業區之目的及性質，核准

被徵收之原土地所有權人優先購買該工業區土地。但不包含社區用
地。

原土地所有權人購買之土地,不足最小單位面積者,應於規定期間
內申請合併;屆期未申請者,視同放棄。

原土地所有權人優先購買土地時,不適用第五十五條第一項規定。

第一項原土地所有權人優先購買土地之比率、區位、價格、程序及
第二項之期間等相關事項之辦法,由經濟部定之。

第 27 條

工業主管機關開發工業區,需用公有土地時,由各該公地之管理機
關逕行提供開發,不受土地法第二十五條之限制。

前項提供開發土地地價,按工業區徵收私有土地同一地價區段原使
用性質相同土地之補償地價計算。但工業區內土地均為公有土地
時,其地價按一般公有財產處分計價標準計算。

工業區內公私有出租耕地,於開發工業區時,終止租約,除補償承
租人為改良土地所支付之費用及尚未收穫之農作改良物外,並應以
補償地價總額之三分之一,補償原耕地承租人。

工業區內公有放領耕地,於開發工業區時,由直轄市或縣(市)地
政機關通知承領人,限期提前繳清地價,取得所有權後,依第二十
五條規定辦理;逾期未繳清者,由直轄市或縣(市)地政機關代為
繳清,所代繳之地價,在應得之補償地價內逕為扣抵。

第 28 條

投資開發工業區之公民營事業或興辦工業人,需用本條例施行前依
原獎勵投資條例編定之工業用地或依本條例編定之工業區範圍內私
有土地,應逕行洽購。但因私有土地所有權人死亡未辦理繼承登記
或因祭祀公業管理人死亡致無法承購,或其他特殊原因購置不成

時，得申請地方工業主管機關辦理徵收，並準用第五十一條第一項
及第五十四條之規定。

前項申請徵收之投資開發工業區之公民營事業或興辦工業人，以依
公司法設立之公司為限。

第 29 條

工業主管機關、投資開發工業區之公民營事業及土地所有權人開發
之工業區，得按開發工業區之計畫目的及性質，規劃下列用地：

一、生產事業用地。

二、相關產業用地。

三、社區用地。

四、公共設施用地。

五、其他經中央工業主管機關核定之用地。

社區用地所占面積，不得超過全區土地總面積百分之十。

公共設施用地所占面積，不得低於全區土地總面積百分之三十。其
中綠地應占全區土地總面積百分之十以上。

生產事業用地所占面積，不得低於全區土地總面積扣除公共設施用
地及社區用地後之百分之五十。

第 30 條

工業區之用地，工業主管機關基於政策、工業發展或有更新之必要
時，得變更規劃之。但不得違反前條之規定。

中華民國八十八年十二月三十一日前核定編定之工業區，不受前條
之限制。

前二項用地變更規劃辦法，由經濟部會同內政部定之。

工業主管機關審查用地變更規劃申請案，應向申請人收取審查費；
其收費標準，由中央工業主管機關定之。

第 31 條

投資開發工業區之公民營事業及土地所有權人申請開發經編定之工業區，應擬具事業計畫、開發計畫、開發資金來源、成本估計及土地處理辦法等，層報經濟部核准。但自核定編定公告之次日起二年內未實施開發者，其編定失其效力，恢復為從來之編定使用。

投資開發工業區之公民營事業及土地所有權人依第二十九條第三項規定設置位於都市計畫範圍外之綠地，應由當地直轄市或縣（市）政府辦理變更編定為國土保安用地。

投資開發工業區之公民營事業及土地所有權人開發工業區時，應於當地直轄市或縣（市）政府公告編定前，按當期公告土地現值以編定總面積百分之五計算回饋金，繳交予當地直轄市或縣（市）政府設置之工業區開發管理基金。

中華民國八十八年十二月三十一日前，尚未完成捐贈土地者，得選擇依中華民國八十八年十二月三十一日本條例修正前第二十六條之二第二項規定捐贈綠地或依前項規定辦理。但選擇依前項規定辦理者，其可行性規劃內容有變更時，應先報經經濟部核准。

第 32 條

興辦工業人經依第二十三條申請核准編定之工業區，應自編定公告之日起四年內取得建築執照。逾期未取得建築執照者，其編定失其效力，恢復為從來之編定使用。

興辦工業人應配合設置環保設施，必要性服務設施及不得少於編定土地總面積百分之十之綠地。

依前項規定設置位於都市計畫範圍外之綠地，應由當地直轄市或縣（市）政府辦理變更編定為國土保安用地。

二以上興辦工業人聯合申請編定之工業區，應規劃公共設施用地；

其規劃，準用第二十九條第三項及前條第二項規定。

興辦工業人於其第一次轉租售土地之一部予他人或全部予數人使用時，其公共設施用地之規劃，準用前項之規定。

興辦工業人開發工業區時，應於當地直轄市或縣（市）政府公告編定前，按當期公告土地現值以編定總面積百分之五計算回饋金，繳交予當地直轄市或縣（市）政府設置之工業區開發管理基金。

中華民國八十八年十二月三十一日前，尚未完成捐贈土地者，得選擇依中華民國八十八年十二月三十一日本條例修正前第二十六條之二第三項規定捐贈土地或依前項規定辦理。但選擇依前項規定辦理者，其可行性規劃內容有變更時，應先報經經濟部核准。

第 32-1 條

前二條之工業區屬海埔地者，投資開發工業區之公民營事業、土地所有權人或興辦工業人，應提具造地施工管理計畫，送請經濟部審查。經核定後，申請人應繳交開發保證金，並與中央工業主管機關簽訂開發契約，始得施工。

前項計畫之審查，應向申請人收取審查費。

第一項開發保證金，於申請人依核定之造地施工管理計畫及開發契約之內容履行完竣，並經中央工業主管機關認定者，得予退還之。

第一項造地施工管理計畫應擬具之內容、申請人應準備之書件、審查之程序、開發保證金額度、繳交之方式及第二項審查費收取之標準等有關事項；其辦法由經濟部定之。

第 33 條

投資開發工業區之公民營事業、土地所有權人或興辦工業人申請核准編定之工業區範圍內公有土地，由各該公有土地管理機關辦理讓售，其公有土地面積不超過編定總面積十分之一或總面積不超過五

公頃者，得不受土地法第二十五條之限制。

前項公有土地讓售價格，由各該公有土地管理機關按一般公有財產處分計價標準計算。

第 34 條

工業主管機關開發之工業區，其社區用地得為下列處理：

一、配售予區內被徵收土地所有權人。

二、配售予區內被徵收房屋所有權人。但以公告停止所有權移轉之日前，已辦竣戶籍登記者為限。

三、出售供興建住宅，並優先提供工業區內員工。

四、依前三款處理後膳餘未達建築基地最小面積之寬度及深度者，得出售予毗連土地所有權人。

前項社區用地之配售及出售價格，依下列規定：

一、第一款、第二款之配售價格，按該工業區開發成本計算。

二、第三款之出售價格，由各該開發工業區之工業主管機關核定。

三、第四款之出售價格，按該宗土地出售之當期公告土地現值計算。

工業社區用地配售及出售辦法，由經濟部定之。

第 35 條

工業主管機關開發工業區時，於勘選一定地區內之土地後，得委託公民營事業辦理申請編定、開發、租售及管理等業務。

前項委託申請編定或開發業務，其資金由政府編列預算支應者，應依政府採購法之規定辦理；其資金由受託之公民營事業籌措者，應以公開甄選方式辦理。

第一項工業區委託申請編定、開發、租售及管理辦法，由經濟部定之。

第 36 條

　　工業主管機關委託開發工業區之公民營事業，就開發工業區向金融
　　機構貸款之金額，超逾銀行法所定同一人或同一關係人授信限額，
　　得由該金融機構向財政部專案申請。

第 37 條

　　依第二十三條編定完成之工業區內，中央工業主管機關基於政策或
　　衡量興辦工業人之經營需要，得報請經濟部會商交通部，經行政院
　　核定設置工業專用港或工業專用碼頭。

第 38 條

　　工業專用港或工業專用碼頭區域之劃定，由中央工業主管機關陳報
　　經濟部會商交通部、內政部及有關機關後，報請行政院核定之。
　　工業專用港或工業專用碼頭之指定，由中央工業主管機關陳報經濟
　　部會銜交通部，報請行政院核定後公告之。

第 39 條

　　工業專用港或工業專用碼頭不得供該工業區專用目的以外之使用。

第 40 條

　　工業專用港得由中央工業主管機關興建營運，或經經濟部核准由公
　　民營事業投資興建及經營管理，並取得相關設施及建築物之所有
　　權，自行管理維護。
　　興辦工業人興建之工業專用港內專用碼頭或工業專用碼頭之相關設
　　施及建築物，由各該興辦工業人興建後取得其所有權，並自行管理
　　維護。

第 41 條

　　經濟部依前條核准由公民營事業投資興建及經營管理工業專用港，
　　應訂定經營期限，並得向其收取權利金。

前項權利金之收取相關事項，應於投資興建協議書中明定，並解繳經濟部工業區開發管理基金。

第 42 條

工業專用港及工業專用碼頭內土地，應登記為國有。但與興辦工業人建廠用地相連且為經營所必需之工業專用港內專用碼頭或工業專用碼頭用地，得由各該興辦工業人向中央工業主管機關申請租用。

第 43 條

工業專用港或工業專用碼頭內土地，中央工業主管機關基於政策需要或因承租人違反投資興建協議，得終止租約收回土地及相關設施、建築物。

前項基於政策需要提前終止租約者，中央工業主管機關除給予營業損失補償外，其經許可興建之相關設施及建築物，承租人得請求按其興建完成時經中央工業主管機關認定之價格，扣除折舊後之餘額補償之。

承租人因違反投資興建協議終止租約者，其興建之相關設施及建築物，不予補償。

第 44 條

航政主管機關遇緊急事故或應特殊需要，必要時，得有償調度使用工業專用港或工業專用碼頭設施，港埠或碼頭設施所有權人不得拒絕。

前項設施，於緊急避難時應無償提供使用。

第 45 條

工業專用港由中央工業主管機關興建營運者，應向使用者收取設施使用費、管理費或服務費。

工業專用港由公民營事業興建，提供使用時，公民營事業得向使用

者收取設施使用費；中央工業主管機關應向使用者收取管理費或服
務費。

工業專用碼頭由興辦工業人興建，自行使用時，中央工業主管機關
應向使用者收取管理費或服務費。

前三項設施使用費、管理費或服務費，其費率及計算方式，應由中
央工業主管機關報請經濟部會商交通部核定。

第 46 條

公民營事業或興辦工業人投資興建工業專用港、工業專用港內專用
碼頭或工業專用碼頭，於興建期間若有施工進度嚴重落後、工程品
管重大違失情事，中央工業主管機關得為下列之處分：

一、限期改善。

二、逾期不改善或改善無效者，令其立即停止全部或一部之興建，
　　並報請經濟部廢止其投資興建及經營管理之核准。

第 47 條

公民營事業或興辦工業人經營管理工業專用港、工業專用港內專用
碼頭或工業專用碼頭，未按核定計畫營運或違反專用目的使用者，
除應處新臺幣二百萬元以上一千萬元以下之罰鍰外，中央工業主管
機關並得為下列之處分：

一、限期改善。

二、逾期不改善或改善無效者，令其於一定期間內停止全部或一部
　　之營運，並報請經濟部廢止其投資興建及經營管理之核准。

中央工業主管機關依前項處分時，應採適當措施，繼續維持運輸服
務；必要時，並得予強制接管營運；其接管營運辦法，由經濟部定
之。

中央工業主管機關進行第一項查處時，警政、航政、海關或有關機

關應提供必要之協助。

第 48 條

工業專用港或工業專用碼頭之規劃、建設、管理、經營及安全,除本條例規定者外,準用商港法第五條、第十條、第十六條、第十七條至第二十一條、第二十三條至第二十六條、第二十九條、第三十條第三項、第三十一條至第三十四條、第三十七條至第四十八條之規定。

中央工業主管機關得將工業專用港或工業專用碼頭之管理,委託商港管理機關辦理。

第 49 條

工業專用港及工業專用碼頭經營管理辦法,由經濟部會同交通部擬訂,報請行政院核定後發布施行。

第 50 條

工業主管機關開發工業區時,區內原有工廠廠地未被徵收者,應按受益廠地面積比率,負擔開發建設費用。

第 51 條

工業主管機關開發之工業區,其土地或建築物,由工業主管機關逕行租售,不受土地法第二十五條、國有財產法及地方公有財產管理法令之相關限制。

前項土地或建築物,由政府編列預算投資者,得以出租方式辦理。

工業區土地或建築物之租售辦法,由經濟部定之。

第 52 條

前條以出租方式提供使用者,得由工業主管機關收取管理費。其標準,由經濟部定之。

第 53 條

興辦工業人因擴展工業或增闢必要通路或設置污染防治設備，需使用毗連之非都市土地時，其擴展計畫及用地面積，應經工業主管機關核定發給工業用地證明書，以租購土地，依法辦理變更使用及登記。

前項擴展工業，以經濟部認定之低污染事業為限。

興辦工業人依第一項規定擴展工業，應規劃變更土地總面積百分之十之土地作為綠地。並由當地直轄市或縣（市）政府辦理變更編定為國土保安用地。

興辦工業人依第一項規定擴展工業，應於增加廠地面積辦理工廠變更登記前，按當期公告土地現值以變更編定面積百分之五計算回饋金，繳交予當地直轄市或縣（市）政府設置之工業區開發管理基金。

興辦工業人依第一項規定擴展工業，需使用毗連之非都市土地，位於經濟部公告為嚴重地層下陷地區，或中央農業主管機關所定偏遠、離島地區者，得免繳回饋金。

第一項擴展計畫及用地面積之審查辦法，由經濟部定之。

經發給工業用地證明書之土地，其使用、管理，準用第六十條之規定。

中華民國八十八年十二月三十一日前，尚未完成捐贈隔離綠帶土地者，得選擇依中華民國八十八年十二月三十一日本條例修正前第三十二條之一第三項規定捐贈隔離綠帶土地或依第四項規定辦理。但選擇依第四項規定辦理者，其擴展計畫有變更時，應先報經經濟部核准。

第 54 條

工業主管機關開發之工業區，其土地或建築物之租售價格及區內原

有工廠應負擔之開發建設費用,除第三十四條第一項規定之配售社
區用地外,由各該開發工業區之工業主管機關審定。

工業區土地或建築物租金之計算,不受土地法第九十七條及第一百
零五條之限制。

第 55 條

工業主管機關開發之工業區,除配售之社區用地外,其土地或建築
物出售時,承購人應按承購價額之百分之一,繳付工業區開發管理
基金。

前項工業區開發管理基金,工業區屬中央工業主管機關開發者,由
經濟部設置;屬地方工業主管機關開發者,由直轄市或縣(市)政
府設置。

工業區開發管理基金收支保管及運用辦法,分別由行政院、直轄市
或縣(市)政府定之。

第 56 條

工業區開發管理基金之來源如下:

一、出售工業區土地或建築物時,依前條第一項規定由承購人繳付之
款項。

二、出售工業區土地或建築物,超過成本之收入。

三、工業區內各使用人繳納之權利金、管理費、使用費、維護費或
其他服務費。

四、依第五十二條所繳付之管理費。

五、工業區開發完成後之結餘款。

六、工業區開發之投資或參加投資於工業區相關服務性事業之投資
收益。

七、工業區內使用人繳納之租金。

八、工業區開發貸款利息收入。

九、本基金之孳息收入。

十、依第三十一條、第三十二條、第五十三條及第七十條之二所繳付之回饋金。

十一、政府編列預算撥充。

十二、其他有關之收入。

第 57 條

工業區開發管理基金之用途如下：

一、參加工業區開發之投資或融貸資金供工業區之開發。

二、參加投資於工業區相關之事業。

三、配合政策需要，投資開發工業區之公民營事業。

四、工業區內供公共使用之土地及公共建築物與設施之管理維護費。

五、第四十三條第二項規定之補償費。

六、工業區管理機構營運經費。

七、工業區相關研究規劃、宣導經費。

八、工業區土地或建築物，長期未能租售，致租售價格超過附近使用性質相同者，其所增加開發成本利息之補貼。

九、有關工業發展或工業區設置之建設經費。

十、改善工業區內及受影響鄰近土地環境保護之經費。

十一、改善工業區聯外公共設施之經費。

十二、其他直接使用於工業區之支出。

第 58 條（刪除）

第 59 條（刪除）

第 60 條

承購工業區土地或建築物者,其使用應符合第二十九條規劃之用途。違反規劃用途者,依各該相關使用管制法令規定辦理。

第 61 條(刪除)

第 62 條(刪除)

第 63 條

工業主管機關得依工業區規模及性質,報經行政院核准設置開發機構。

工業區應依下列規定設置管理機構,辦理工業區供公共使用之土地及公共建築物與設施之管理維護及相關服務輔導事宜:

一、工業主管機關開發之工業區,由各該開發工業區之工業主管機關設置。必要時,得委託他工業主管機關或公民營事業設置。

二、公民營事業或土地所有權人開發之工業區,由各該事業或土地所有權人於辦理土地租售時,向當地直轄市或縣(市)政府申請設置管理機構。

三、二以上興辦工業人聯合申請編定之工業區,應自當地直轄市或縣(市)政府公告編定時,設置管理機構。

四、單一興辦工業人申請編定之工業區,應於第一次轉租售土地時,設置管理機構;其全部租售予另一單一興辦工業人單獨使用時,得免設置管理機構。

中華民國八十八年十二月三十一日前開發之工業區,得依前項規定設置管理機構。

工業主管機關依第二項第一款規定設置之管理機構,其組織、人員管理、薪給基準、退職儲金提存及撫卹等事宜,由各該開發工業區之工業主管機關定之。

第 64 條

工業主管機關開發之工業區內公共設施用地及公共建築物與設施，除經專案核准出售者外，其供公共使用之土地及公共建築物與設施，由中央工業主管機關開發之工業區，其所有權登記為國有，管理機關為經濟部；由直轄市工業主管機關開發之工業區，其所有權登記為直轄市有，管理機關為直轄市政府建設局；由縣（市）工業主管機關開發之工業區，其所有權登記為縣（市）有，管理機關為縣（市）政府；並由各該工業區管理機構代管。

前項專案核准出售，於中央工業主管機關開發之工業區，由經濟部為之；

於地方工業主管機關開發之工業區，由各該地方工業主管機關為之。

中華民國八十八年十二月三十一日前開發工業區內供公共使用之土地及公共建築物與設施，由中央工業主管機關開發之工業區，其所有權得變更登記為國有，管理機關為經濟部；由地方工業主管機關開發之工業區，其所有權得變更登記為直轄市有或縣（市）有，管理機關為直轄市政府建設局或縣（市）政府。

投資開發工業區之公民營事業或土地所有權人開發工業區內供公共使用之土地及公共建築物與設施，其所有權登記為該工業區管理機構所有。租售、設定負擔或為其他處分時，應報經當地地方工業主管機關核准；其公共設施用地面積仍不得低於全區總面積百分之三十。

第一項工業區內供公共使用之土地及公共建築物與設施之變更規劃、出租、出售、設定負擔或收益等處分，得由管理機關逕行處理，不適用國有財產法及地方公有財產管理法令之相關規定。

第 65 條

依第六十三條第二項設置之管理機構，得向區內各使用人收取下列費用：

一、一般公共設施維護費。

二、污水處理系統使用費。

三、其他特定設施之使用費或維護費。

前項各類費用之費率，由各該工業區管理機構擬訂，工業區屬中央工業主管機關開發者，應報請經濟部核定；屬地方工業主管機關、公民營事業或土地所有權人開發者，應報請直轄市或縣（市）政府核定。

污水處理系統使用費之費率，得按各使用人排入之廢水量及水質，訂定差別級距。

工業主管機關開發之工業區內使用人逾期不繳納第一項之費用者，每逾二日按滯納數額加徵百分之一滯納金，加徵之滯納金額，以至應納費額之百分之十五為限。

第一項之費用及前項之滯納金，經限期繳納，屆期不繳納者，依法移送強制執行。

依第六十三條第二項第一款委託公民營事業設置管理機構之經營管理辦法，由經濟部定之。

第 66 條

工業主管機關開發之工業區，其公共設施中之污水及廢棄物處理設施，於必要時，得委託公民營事業建設、管理。

第 67 條

工業主管機關開發之工業區內工商登記、土地使用管理及建築管理事宜，由有關主管機關委任或委託工業主管機關辦理。

各有關主管機關應在一定規模之工業區內提供稅捐稽徵、海關、郵

電、金融、警察、消防及其他公務等服務；該工業區管理機構應提
供必要之配合。

第 68 條

本條例施行前，依原獎勵投資條例編定之工業用地、開發之工業區
及投資開發工業區之公民營事業、土地所有權人依本條例編定、開
發之工業區，其土地之取得、租售、使用、管理，適用本條例之規
定。

第 69 條

已完成開發之工業區，工業主管機關認為有必要時，得擬訂更新計
畫，依本條例規定徵收開發及使用。

第六章　創業投資

第 70 條

為協助國內中小科技事業創業發展，並促進整體產業全面升級，創
業投資事業之發展應予輔導協助。

前項創業投資事業之範圍及輔導，由行政院定之。

第六章之一　營業總部

第 70-1 條

為鼓勵公司運用全球資源，進行國際營運布局，在中華民國境內設
立達一定規模且具重大經濟效益之營運總部，其下列所得，免徵營
利事業所得稅：

一、對國外關係企業提供管理服務或研究開發之所得。

二、自國外關係企業獲取之權利金所得。

三、投資國外關係企業取得之投資收益及處分利益。

前項營運總部應具備之規模、適用範圍與要件、申請程序、核定機
關及其他相關事項之實施辦法，由行政院定之。

第 70-2 條

　　公司設立前條規定之營運總部，其面積達一定規模者，得勘選一定

　　地區內土地，擬具可行性規劃報告及依環境影響評估法應提送之書

　　件，逕送經濟部轉請中央區域計畫或都市計畫主管機關及中央環境

　　保護主管機關同意，並經經濟部核定後，編定為特定專用區或擬定

　　特定區計畫。

　　前項編定範圍內綠地之規劃、回饋金之計算及繳交，準用第三十二

　　條第二項、第三項及第六項之規定。

　　第一項編定範圍內之公有土地，由各該公有土地管理機關以優惠價

　　格逕行辦理讓售或出租者，不受土地法第二十五條規定之限制。

　　前項優惠價格之計算基準，由經濟部會商相關機關定之。

　　公司投資設置營運總部，需使用毗連之非都市土地時，其使用計畫

　　及用地面積，應經經濟部核定發給證明文件，以租購土地，依法辦

　　理變更使用及登記。

第七章　　附則

第 71 條

　　本條例施行細則，由行政院定之。

第 72 條

　　本條例自中華民國八十年一月一日施行。

　　本條例中華民國八十八年十二月三十一日修正條文，自中華民國八

　　十九年一月一日施行；中華民國八十九年一月一日以後修正條文，

　　自公布日施行。但第二章及第七十條之一施行至中華民國九十八年

　　十二月三十一日止。

國家圖書館出版品預行編目(CIP) 資料

從亞太營運中心到護國神山：臺灣產業政策之演
變與評析 / 陳彥廷著. -- 初版. -- 臺北市：元華
文創股份有限公司, 2022.05

面 ； 公分

ISBN 978-957-711-254-5 (平裝)

1.CST: 產業政策 2.CST: 產業發展 3.CST: 產業
分析 4.CST: 臺灣

555.933   111004932

從亞太營運中心到護國神山
—— 臺灣產業政策之演變與評析

陳彥廷　著

發 行 人：賴洋助
出 版 者：元華文創股份有限公司
聯絡地址：100 臺北市中正區重慶南路二段 51 號 5 樓
公司地址：新竹縣竹北市台元一街 8 號 5 樓之 7
電　　話：(02) 2351-1607　　傳　　真：(02) 2351-1549
網　　址：www.eculture.com.tw
E - m a i l：service@eculture.com.tw
主　　編：李欣芳
責任編輯：立欣
行銷業務：林宜葶
出版年月：2022 年 05 月 初版
定　　價：新臺幣 480 元

ISBN：978-957-711-254-5 (平裝)

總經銷：聯合發行股份有限公司
地　址：231 新北市新店區寶橋路 235 巷 6 弄 6 號 4F
電　話：(02)2917-8022　　　　傳　真：(02)2915-6275